AF391932

MAURICE RICHARD ET MOI

Roman autobiographique

Michel Larocque

Dépôt légal – 2024
Bibliothèque et Archives Canada
Bibliothèque et Archives nationales du Québec

À maman et papa, mes sœurs Jeannine, Angèle, Françoise, Nicole, Suzanne, Louise, Céline et mes frères Jean-Paul et François qui, chacune et chacun à leur façon, me témoignèrent leur amour et leur affection.

Sommaire

Prologue
L'origine

**Quelque part dans le temps et l'espace,
il nous fut attribué une place précise à occuper,
une tâche spécifique à accomplir.**

Au cours de la semaine du 18 février 1952, à plusieurs reprises, le médecin passa une partie de la nuit à la maison afin de surveiller maman, femme de petite taille, dont l'énorme ventre laissait supposer qu'elle portait un bébé plutôt costaud. Complications en vue. Finalement, le 23 au matin, après dix mois de gestation, naquit en douceur le huitième enfant de Marie et Léonidas, un garçon, au grand soulagement de la mère et de l'entourage. « Pas trop pressé, celui-là », dirent certains. Ils n'avaient pas tout à fait tort, je ne le suis toujours pas.

Pour moi, le rideau venait donc de se lever à Amos en Abitibi, dans le nord-ouest du Québec, à quelque six cents kilomètres de Montréal. Abitibi, mot d'origine amérindienne, signifie eaux du milieu ou eaux à mi-distance. Sur ce vaste territoire parsemé de lacs, de rivières et de forêts s'effectue le partage des eaux qui se jettent dans la baie James au nord, de celles qui vont vers le fleuve Saint-Laurent au sud. On y exploite des ressources forestières et minières. Dans les années 1970, la mise en valeur des ressources hydroélectriques de la Baie-James propulsera la région sous les projecteurs de l'actualité.

Fin des années 1950, époque où commence le présent récit, peu de moyens de communication desservaient la région. Seule la radio diffusait des nouvelles en direct. Le transistor n'ayant pas encore été inventé, les postes, encastrés dans de gros meubles, ne se déplaçaient pas. Quant aux journaux, ils nous arrivaient avec quelques jours de retard.

Papa lisait beaucoup et nous incitait à en faire autant. «C'est important d'être bien informé», disait-il. Sur la table de la cuisine, plusieurs quotidiens étalés, dont *La Presse*, *Le Soleil* et *L'Action catholique*, n'attendaient que des lecteurs. Ne sachant pas lire, je me contentais de regarder les images en m'efforçant de tourner les grandes pages sans les déchirer. Pas facile. Je préférais feuilleter la revue *Sélection du Reader's Digest* dont le format, plus petit, convenait davantage à mes mains d'enfant.

Un jour d'hiver, rue Principale, devant la vitrine du magasin Dufresne, les passants s'immobilisèrent devant un appareil en montre qui diffusait des images animées. Étonnement général. «C'est une télévision!», lança quelqu'un qui en connaissait plus que les autres. L'objet magique n'en finissait plus d'attirer les regards, de susciter des discussions. La semaine qui suivit, l'école terminée, nous retournions devant le petit écran. Même en soirée, bravant la neige et le froid, nous demeurions fidèles au poste. Parfois, monsieur Dufresne nous invitait à l'intérieur et nous offrait des bonbons, tout en discutant avec nous quelques instants. D'une grande gentillesse, monsieur

Dufresne.

Plusieurs semaines plus tard, un vendredi soir, deux hommes livrèrent une grosse boîte qu'ils déposèrent dans le salon. Personne ne savait ce dont il s'agissait, papa et maman échangeaient des regards complices. Lorsque je vis le téléviseur, que je touchai à l'écran, je me jetai dans les bras de maman, fou de joie. Cela se déroulait en 1958. La première émission que nous regardâmes ce soir-là s'intitulait *Robin des Bois dans la forêt de Sherwood*.

L'Abitibi, une région isolée à cette époque. Montréal représentait une grande ville au bout du monde et Québec, encore plus loin. Quant à New York, elle faisait partie d'un autre univers. Seul lien véritable nous reliant au reste de la planète, le hockey. Notre équipe favorite, le Canadien de Montréal. Tout pouvait arriver sur le plan politique, économique, social, cela ne nous affectait pas tellement. Mais une défaite de nos préférés, quelle catastrophe !

À l'exception de la chasse et de la pêche, le seul sport pratiqué demeurait le hockey. De nombreuses équipes évoluaient dans toutes les catégories, de niveau Mosquito à Sénior. Les gars de tous âges jouaient au hockey.

Nous aimions tous les joueurs du Canadien, Jean Béliveau, Boum-Boum Geoffrion, Dickie Moore, Doug Harvey, Butch Bouchard… Mais notre préféré, celui qui peut toujours sauver la situation, portait le nom de Maurice Richard. Nous voulions tous jouer au hockey comme notre idole.

Certains avaient du talent, d'autres, pas du tout. Je faisais partie de la seconde catégorie, n'ayant aucune aptitude ni habileté pour la pratique de ce sport. Dès la première tentative, j'aurais dû abandonner ce rêve. La nature m'avait défavorisé. Pieds rivés vers l'intérieur, chevilles molles et poignets gélatineux n'ont jamais fait bon ménage avec notre sport national.

Malgré ces handicaps, un profond désir de jouer au hockey me possédait. N'étais-je pas né sous un signe favorable? Le jour de ma naissance, le Canadien avait remporté une éclatante victoire de 7 à 0 contre les Blackhawks de Chicago au Forum de Montréal.

À défaut de talent, j'y mettais tout mon cœur. Passionné comme pas un. Le hockey dans les tripes, des images plein la tête, je tentais de suivre la trace de mon héros, Maurice Richard.

Chapitre 1
Le ferment

Les impulsions qui nous poussent à agir proviennent souvent d'événements en apparence anodins mystérieusement gravés dans la mémoire, souvenirs de moments empreints de tendresse.

Dimanche soir, aux environs de 21 heures. Seul dans ma chambre, j'achevai la construction d'un pont surplombant une rivière aux flots tumultueux. Les pièces de métal rouges, vertes, se fixaient les unes aux autres avec de gros boulons dont la pose me donnait du fil à retordre. Grimaçant, je vissai, dévissai. Pas facile !

Le travail terminé, je m'engageai sur la structure au volant d'un poids lourd de dix tonnes, véritable mastodonte, afin de vérifier la solidité de la construction. Nerveux, maladroit, je heurtai un garde-fou. Heureusement, les dégâts semblaient mineurs, l'expérience se poursuivit. J'atteignis la rive opposée sans encombre. Le pont avait tenu le coup, preuve de la qualité des travaux. Avant de ranger le matériel, vérification de l'état du camion. La roue avant droite, celle qui avait absorbé l'impact, présentait de sérieux dommages. La réparation s'imposait. Je délaissai mon jeu de Meccano et quittai la chambre pour aller demander une bobine de fil vide à maman.

Calme inhabituel dans la maison. Une veilleuse éclairait faiblement la salle à manger. « Maman ! » Silence. Sûrement sortie. Que faire ? Je faisais face à une urgence et… personne pour me venir en aide. Seul signe de vie, une faible voix grinçante en provenance du salon. Je m'approchai. Le cadran lumineux du poste de radio projetait une lumière tamisée, la pièce baignait dans une atmosphère feutrée, douce. Assis sur le bout du divan, coudes appuyés sur les genoux, papa écoutait attentivement la description d'une partie de hockey. Le dimanche, le Canadien jouait souvent à l'extérieur de Montréal, « à l'étranger » comme le disaient les commentateurs. Ces parties faisaient l'objet de radiodiffusion, contrairement à celles du samedi que l'on présentait à la télévision à compter de 21 heures, bien qu'elles commençaient une heure auparavant. Ainsi, nous manquions la première période. « Contre qui jouent-ils ? » demandai-je, intéressé. Papa, qui n'avait pas noté ma présence, se tourna vers moi et me sourit.

– Contre Détroit.

– Ils gagnent ?

– Détroit mène 2 à 1.

– Hein !

Le Canadien tirait de l'arrière, j'avais du mal à y croire. Je tirai le pouf près du poste, un meuble café au lait dont la base s'ouvrait pour faire place à un tourne-disque, et m'assis à côté de papa, tâchant d'imiter sa posture, penchée vers l'avant, coudes sur les genoux.

– Y'a pas moyen de rien faire, Sawchuk arrête tout, ajouta-t-il en secouant la cendre de sa cigarette dans le cendrier.

– Quelle période ?

– Troisième.

– Elle achève ?

– Y doit rester une dizaine de minutes.

– Y'ont encore le temps.

À voir la tête de papa, je devais avoir l'air tendu. Il me sourit à nouveau. Je me blottis contre lui, humant l'odeur de tabac imprégnée dans sa chemise à carreaux en flanelle. De grosses veines à fleur de peau parcouraient ses mains musclées. Son métier, menuisier. Ses doigts colorés par la fumée de cigarette jaune-safran tournaient à l'orangé par endroits. Lorsque je serai grand, moi aussi, je me ferai jaunir les doigts avec la fumée de cigarette, pensai-je. J'éprouvai un grand bien-être à être seul avec lui. Dans une famille de dix enfants, de tels moments ne se présentaient que très rarement.

Mes questions éparses troublaient l'écoute attentive de papa qui tendait l'oreille vers le haut-parleur.

– Qui a compté pour le Canadien ?

– Béliveau.

– Pour Détroit ?

– Delvecchio et Gordie Howe.

Gordie Howe. Toujours lui ! Son nom revenait sans cesse dans les discussions. « Est-ce que c'est vrai qu'il est aussi bon que Maurice Richard ? » Poser pareille question à un admirateur de Maurice Richard s'avérait un peu tordu et je le savais très bien. Car ce débat soulevait beaucoup de passion chez les amateurs de hockey du Canadien. Maurice Richard, que tous les journaux francophones décrivaient comme le plus grand joueur de hockey de tous les temps, détenait plusieurs records de la Ligue nationale, sauf celui de meilleur marqueur. Les années où il aurait pu réussir l'exploit, un quelconque événement, soit une blessure, soit une suspension comme celle survenue en 1955 l'avaient empêché de décrocher le titre. « Si Richard est si bon que ça, lançaient les partisans de Gordie Howe dont la majorité était des anglophones, pourquoi ne finit-il pas en tête des compteurs ? » La question embarrassait les partisans de Maurice Richard. Celui-ci jouait au hockey avec tellement de passion, comment osait-on ramener ses performances simplement à un nombre de buts ? Quant à l'intéressé, il se montrait très gentleman. « Un jour, disait-il, Gordie Howe battra plusieurs de mes records. » L'avenir lui a donné raison.

Je posai la question à papa juste pour lui entendre dire ce que je savais déjà. « Moi, répondit-il après avoir esquissé une moue, je trouve que Maurice est ben meilleur. »

Papa parlait de Maurice Richard avec une familiarité étonnante. Il l'appelait toujours par son prénom, comme s'il s'agissait d'un ami d'enfance, de quelqu'un qu'il connaissait depuis toujours. Je les imaginais en train de discuter sur la famille, le travail… Nous, les jeunes, parlions du héros en l'appelant par son nom complet. Maurice Richard représentait davantage une connaissance inaccessible, non pas un frère ou un ami à qui l'on aurait pu se confier.

Soudain, la réception devint très mauvaise. Telle une vague qui roule, les bruits parasites envahirent les ondes, les propos du commentateur devinrent inaudibles. Je tentai de régler l'appareil en tournant les boutons. « Ça ne sert à rien, lança papa, il faut attendre. »

Bien qu'il n'en vît pas l'utilité, il me laissa tout de même poursuivre mes ajustements futiles. De chaque côté du cadran lumineux, deux boutons. À l'origine, au-dessus de chacun, une inscription renseignait sur la fonction de celui-ci. Avec les années, de grands cercles incrustés dans le bois, témoignant de l'utilisation de l'appareil, avaient détérioré le lettrage. Ne restait plus qu'une partie des inscriptions.

Le bouton à l'extrême gauche faisait office d'interrupteur. Une fois l'appareil en fonction, il fallait éviter de l'éteindre, car les postes à lampes prennent un certain temps à redémarrer. Ne pas toucher.

Au-dessus du deuxième bouton, *Tone*, la seule inscription encore intacte. On tournait toujours ce bouton au passage sans savoir pourquoi. « C'est quoi le *Tone* ? » demandai-je.

Ne sachant que répondre, papa haussa les épaules. « Ça doit pas être grand-chose, hein ? » dis-je, pour le tirer d'embarras.

Papa, qui avait le rire facile, s'éclaffa et confirma mes propos. J'aimais le voir ainsi.

À droite du cadran lumineux, un bouton dont la fonction s'avérait tout aussi mystérieuse. Deux positions possibles. En passant de l'une à l'autre, un clic ! se faisait entendre, mais rien ne se produisait. Clic ! Clic ! Clic ! Clic ! Clic ! Clic !

– Y'sert à rien, lui non plus.

– T'as ben raison.

Finalement, le bouton à l'extrême droite permettait de syntoniser les postes. Je le tournai lentement. Les bruits parasites augmentèrent de plus belle. Bientôt, musique et commentateur anglophone se firent entendre. Marche arrière.

– Vaut mieux attendre.

– Est-ce que c'est loin Détroit ?

– Oui, près des Grands Lacs. C'est là qu'y font les chars.

Sont courageux les joueurs du Canadien, pensai-je. Aller si loin pour jouer au hockey sur de grands lacs. Contre des Anglais, en plus !

Par moments, la réception se rétablissait, la voix du commentateur redevenant partiellement audible. « Le lancer a surpris le… Un tir des poignets… » Papa leva la main. « Y'a quelqu'un qui a scoré », dit-il.

Le souffle me manqua. Je collai l'oreille sur le tissu qui recouvrait le haut-parleur. « C'est qui ? » demandai-je à répétition.

Papa faisait signe de me taire. Au ton enthousiaste du commentateur, je devinais que le Canadien avait marqué. « … qui est sorti du coin de la patinoire, a remis le disque à Richard posté dans l'enclave qui n'a pas manqué une si belle occasion. C'était le dix-huitième but de Maurice cette saison. Le pointage est maintenant égal 2 à 2. »

Fou de joie, je me redressai, tournoyai sur moi-même en tapant dans les mains et me jetai tête première sur le fauteuil qui donna contre le mur. Réaction démesurée. Papa riait, répétait de me calmer. Mon agitation terminée, je revins m'asseoir sur le pouf. Dans mes élans de joie démentielle, je m'étais fait mal au poignet et au genou. « Fais attention, dit papa, passant la main dans mes cheveux coupés en brosse. Tu t'énerves trop des fois. »

La partie se termina 2 à 2. « Une chance que Maurice

est là, murmura papa en fermant le poste. Sans lui, ça ferait dur en enfant d'chienne. »

Ce soir-là, lorsque je me mis au lit, les jambes me sautaient toutes seules. Sous les cris et les applaudissements d'une foule en délire qui saluait la performance du héros, je sombrai dans un sommeil profond.

XXXXX

– Y'ont fait un dessin avec tous les buts de Maurice Richard, lança François, mon frère ainé de cinq ans, qui lisait le journal posé sur la table de cuisine.

– Qu'est-ce que tu veux dire ?

– Viens voir.

La semaine avait été fertile en émotion. Le samedi précédent, Maurice Richard avait marqué le 500e but de sa carrière. Pour souligner l'événement, la brasserie Molson avait fait publier dans La Presse une illustration présentant des rondelles disposées en triangle sous le titre : *500. Comptez-les ! 500.* Au premier plan, une rondelle de grande dimension portait l'inscription 500. Les autres, plus petites, n'étaient pas numérotées. François lut le texte qui accompagnait le dessin. *Félicitations Maurice ! Et cela ne comprend pas les 70 buts que Maurice a comptés dans les séries éliminatoires ! Nous profitons de cette occasion pour rendre hommage au plus grand compteur de tous les temps : Maurice Richard.*

La nouvelle de François avait attiré maman, papa et Françoise, ma sœur ainée de huit ans. « Y'en a compté des buts », dit papa.

Muet d'admiration, j'acquiesçai d'un signe de la tête. « Je me demande s'il y en a 500 », dit Françoise.

Le doute soulevé par ma sœur suscita une discussion où chacun y allait de son estimation. Bien que je ne sache pas compter jusque-là, j'affirmais qu'il y avait erreur. Je me disais simplement que Maurice Richard avait sûrement marqué plus de buts qu'on pouvait en dessiner sur une page de journal.

– On devrait les compter, dit Françoise.

– Ben oui, c'est écrit : Comptez-les, ajouta papa.

– C'est ça qu'on va faire, m'empressai-je de répliquer. Je suis sûr qu'il en manque.

Françoise prit un stylo et commença à numéroter les petites rondelles 1, 2, 3… Au 20e but, maman dit qu'elle avait autre chose à faire. Papa la suivit au 22e. Le téléphone sonna au 45e. François devait aller chercher des pantalons à réparer chez Joseph et Frères, magasin de vêtements qui recourait aux services de maman pour effectuer les réparations. Il quitta la maison au 49e. Au 128e, Françoise réalisa qu'elle n'aimait pas vraiment le hockey et abandonna le projet sur-le-champ. Seul avec la carrière de Maurice Richard sur les bras, je devais attendre le retour de François afin de reprendre le décompte.

Mon aîné de cinq ans, François jouissait d'une grande considération dans la famille. Premier de classe, rationnel, méthodique, consciencieux, il assistait souvent papa dans son travail qui n'hésitait pas à lui confier des responsabilités. Préféré de maman, celle-ci me le donnait toujours en exemple. À son grand désespoir, je ne lui ressemblais pas. Mais pas du tout. Ma nature émotive et spontanée ne m'allouait pas beaucoup de temps avant de passer à l'action. Mes instants de réflexion, je les prenais en recollant les pots cassés. Aimant rire et faire rire, je faisais le fou et, immanquablement, finissais par commettre des gaffes.

J'évoluais dans le sillage de ce grand frère qui, tout au long de mon enfance, ouvrit des portes que je n'eus qu'à franchir par la suite. À l'occasion, je le secondais de mon mieux. Lorsqu'il entreprit la fabrication de bibelots en plâtre, je fis partie de l'équipe de vente qui proposa au voisinage ces créations artisanales. Il réalisa également des projets qui faisaient l'envie d'un garçon de mon âge, comme la construction d'une cabane dans le bois et la mise sur pied d'un magasin ambulant. Un hiver, avec son groupe d'amis, ils construisirent dans la neige accumulée à l'arrière de la maison un repaire secret accessible par un long tunnel. Nous découvrîmes l'abri seulement au printemps, à la fonte des neiges. Quelle surprise !

Partageant le même lit, je lui demandais souvent de me chanter une chanson avant de m'endormir.

— Mets ton chapeau de rêve et de conquête. Et prends le bras de ton pire ennemi. Mais n'oublie pas… murmurait-il en sourdine.

— Encore ! dis-je, quand il eut terminé.

Et il recommençait.

Sous la rubrique *Ici et là dans le sport*, le reportage de La Presse sur le but historique de Maurice Richard couvrait deux pages. Ne sachant pas lire, je scrutai les photos attentivement. Un premier cliché pris tout de suite après que le but ait été marqué montrait Jean Béliveau levant son bâton dans les airs devant les joueurs des Blackhawks dépités : Glen Skov, Pierre Pilote et le gardien Glen Hall étendu sur la patinoire. Le long de la bande, Ian Cushenan retenait Dickie Moore. Deuxième cliché, l'arbitre George Hayes remettait la rondelle du 500ᵉ but à Maurice Richard. Doug Harvey, Bernard Geoffrion et Jean Béliveau, tous du Canadien, assistaient à la scène. Pour Chicago, ceux qui avaient la tête basse : Jim Thomson et Pierre Pilote.

Page suivante, trois photos, côte à côte. L'une montrait Maurice Richard avec son fils Normand. La deuxième, gros plan de Maurice Richard et enfin, le héros recevant les félicitations de Butch Bouchard et Toe Blake. Au bas de la page, l'illustration des 500 rondelles. Et François qui ne revenait pas !

Je saisis le journal et allai embêter papa. « Qu'est-ce qui est écrit ici ? » demandai-je en montrant un titre au-dessus d'un pont en réparation.

L'opération Pont Jacques-Cartier, chef-d'œuvre de précision et de célérité, lut papa.

Suivit la description d'une étape importante que l'on venait de compléter dans l'exécution des travaux visant à porter à 120 pieds la hauteur libre sous le pont afin de faciliter le passage des navires dans la voie maritime du Saint-Laurent. « C'est quoi une voie maritime ? »

Papa répondit patiemment en discourant sur le transport maritime et les voies navigables.

Je jetai mon dévolu sur un autre titre : *Appui du Commonwealth à l'ONU,* lut papa. Puis il tint des propos étranges en guise d'explication. Cela commença par : la reine est en visite à New York. Jusque-là, je comprenais, bien que je ne connaisse ni la reine ni New York. Le tout se gâta par la suite alors qu'il donna des précisions sur le Commonwealth, le Royaume-Uni et l'Union Jack. Jargon tout à fait incompréhensible ! Tout ce que je retins, mais j'avais du mal à y croire, se résumait à la reine qui s'était baignée nue dans l'eau à New York et qu'elle aimait le Cracker Jack. Comment croire pareille histoire ?

Le retour de François, qui reprit le décompte, libéra papa de ma présence.

– Comment l'a-t-il compté ce 500e but ? demandai-je après un moment.

– Moore a passé la rondelle à Béliveau qui a aperçu Richard devant le filet, répondit-il en se référant à l'article du journal. Il a remis la rondelle au Rocket (le surnom de Maurice Richard) qui a décoché un tir foudroyant à la droite du gardien. Hall n'a rien vu. J'écoutai religieusement la description de l'exploit. Un but de toute beauté !

Méthodique, François inscrivait un nombre sur chaque rondelle. À ses côtés, je l'assistais. Bientôt, j'agrémentai son travail en effectuant la reprise des jeux. « Harvey passe la rondelle à Boum-Boum qui la remet à Richard, il lance et compte ! »

Utilisant en guise de bâton la règle à mesurer d'une verge de maman, je patinais allègrement en chaussette sur les tuiles fraîchement cirées. Déjouant tout sur mon passage, je virevoltais et décrochais de puissants lancers. De temps à autre, François relevait la tête, riait des prouesses de son petit frère, puis reprenait le décompte.

« Le compte est bon ! » lança-t-il en se redressant. Je m'approchai et examinai son travail. Chaque rondelle portait un numéro, j'en conclus qu'il n'y avait pas d'erreur. François prit le journal et fit le tour de chacun en montrant la preuve irréfutable. Trempé jusqu'aux os tellement j'avais couru, je l'accompagnai. Les commentaires plutôt sobres allaient de « Ben oui ! » à « C'est ben ça ! » Maman fut la seule à ajouter en me pointant du doigt.

— Pis toi, tiens-toi tranquille. Tu t'es assez démené pour aujourd'hui.

— Fallait bien les compter, les buts de Maurice Richard.

Sachant que je devais me calmer, je pris le journal et me retirai dans le salon. J'examinai l'illustration, vérifiant à nouveau s'il y avait bel et bien un numéro sur chaque rondelle. Aucune n'avait été oubliée. Comment avais-je pu douter du compte ? On n'écrit pas de mensonges dans les journaux !

XXXXX

Alors que la plus jeune de la famille, Céline, n'avait que quelques mois, l'aînée, Jeannine, se maria avec Léonard, un anglophone originaire de l'Ontario, qui travaillait à la mine East de Malartic à une quarantaine de kilomètres d'Amos. Sympathique, rieur, enjoué, le premier prétendant à fréquenter la maison avait tout pour plaire. Seule ombre au tableau, il se disait partisan des Maple Leafs de Toronto. Quel choc !

À mon grand étonnement, nos échanges sur le hockey ne tournaient pas à la prise de bec. Convaincus de notre point de vue, nous discutions fermes, certes, mais sans se disputer. Et aucun ange ne descendait du ciel pour donner raison à l'un ou à l'autre. Deux opinions différentes pouvaient subsister en même temps.

Tant bien que mal, je finis par accepter le fait que les Maple Leafs avaient également des partisans, mais, intérieurement, je me disais que le passé de Léonard cachait un événement troublant pour justifier ce choix. Nous ne savons pas vraiment de quelle façon les gens vivent en Ontario, pensai-je, pour l'excuser.

Quand Léonard venait à la maison, Jeannine passait la journée à faire du ménage. Lorsque l'heure du rendez-vous approchait, je m'amusais à simuler l'arrivée de Léonard en frappant contre le mur, comme si quelqu'un se présentait à la porte. Ma sœur sursautait et, fesses serrées, allait ouvrir. Personne. Facile de trouver le responsable de la fausse alerte, je m'étranglais de rire en me roulant par terre. La chasse à l'homme s'engageait. Infailliblement, elle m'attrapait, me serrait le bras et me sermonnait. Tout en m'entrant dans la peau ses ongles vernis de *Cutex* rouge vif, elle me faisait promettre d'être sage. Promesse que je ne tenais pas.

Une fois mariée, Jeannine s'installa à Malartic. La famille diminuait. Jean-Paul, mon frère ainé, travaillait souvent à l'extérieur de la ville. Aux repas, outre maman et papa, ne restaient plus que huit enfants à table.

Le midi, le retour à la maison de ma sœur Angèle, qui travaillait chez Falardeau & Jeanson, entrepreneur et distributeur de matériaux de construction, marquait le début du repas. Généralement, le déroulement des discussions suivait un ordre hiérarchique. Maman et papa ouvraient le bal en décrivant les événements de la matinée, puis enchaînaient avec l'organisation des activités de la maison. Les enfants concernés recevaient alors les instructions pour l'exécution de tâches.

Angèle poursuivait avec les potins du bureau. Étonnant tout ce qui pouvait se passer dans son milieu de travail ! Par la suite, les autres racontaient leur salade. Pendant l'année scolaire, les questions d'école et les anecdotes fusaient. « Crépeau puait tellement que la maîtresse l'a renvoyé chez lui pour qu'il se lave » ou encore « Boutin a fait pipi dans ses culottes au milieu de la dictée. »

Les sujets généraux occupaient la fin du repas. On parlait de tout et de rien, les conversations s'effilochaient. Papa donnait le signal du départ. Il se retirait pour faire une courte sieste avant de retourner au travail, les filles lavaient la vaisselle et les gars effectuaient les commissions lorsqu'il y en avait.

Ce jour-là, le déroulement du repas s'effectua à la vitesse de l'éclair. Maman et papa n'avaient rien à signaler. Angèle dit que l'on allait bientôt fonder une nouvelle ville dans le nord, Matagami, à la suite de la découverte d'un gisement de cuivre et de zinc dans la région. Puis, rien à ajouter. Du côté de l'école, calme plat. On aborda les sujets généraux au plat de résistance. Tout à fait inhabituel !

– Le Canadien est déjà venu jouer à l'aréna d'Amos, lança maman tout bonnement.

– Hein ! m'exclamai-je, n'en croyant pas mes oreilles. Est-ce que Maurice Richard était là ?

– Ben sûr. Avec Boum-Boum, Butch Bouchard…

– Contre qui ont-ils joué ?

– Contre les Castors. Mais c'était pas une vraie partie, juste une partie d'exhibition.

Les Castors constituaient l'équipe qui représentait Amos dans la ligue Senior.

– Qui a gagné ?

– Le Canadien, voyons !

– Combien ?

– 9 à… Je ne m'en souviens plus.

– Ben voyons !

Papa ne se souvenait pas du pointage final, lui non plus. Je posai une foule de questions qui ne trouvèrent pas de réponse. Qui avait compté ? De quelle façon ? Etc. À mon grand étonnement, ils avaient oublié tous les détails.

– Qui est allé voir la partie ? demandai-je encore.

– On ne pouvait pas amener tout le monde. Seulement Jeannine est venue, dit papa.

– Pis pourquoi pas nous autres ? lançai-je en rouspétant, prêt à crier à l'injustice.

– T'avais seulement trois ans, répliqua maman.

– Pas si jeune que ça, j'aurais pu y aller.

Maman me lança un regard sévère, valait mieux mettre un terme à mes récriminations. Je baissai la tête, fonçai les sourcils et écrasai violemment les pommes de terre de ma fricassée. Je déteste faire partie d'une grosse famille, pensai-je. Les grands ont toujours tout, les petits, jamais rien.

Malgré ma colère, la nouvelle me bouleversa profondément. Maurice Richard avait foulé le sol abitibien, visité notre ville, circulé dans nos rues et, peut-être, avait-il vu notre maison ? Tout à fait invraisemblable ! Je ne parvenais pas à croire que les Montréalais savaient que nous existions, nous, en Abitibi.

Chapitre 2
Les camps d'entraînement
**C'est le moment privilégié, pour un jeune joueur,
d'impressionner les instructeurs.**

Au cœur de l'immense plaine argileuse abitibienne, sur une colline que les glaciers ont oublié d'aplanir en se retirant il y a de cela des milliers d'années, s'élève un monument imposant, colossal, qui ne cesse de susciter l'étonnement des visiteurs depuis son érection en 1923. La cathédrale d'Amos, avec son architecture de style byzantin, ne passe pas inaperçue. Communément surnommé *le téton de l'Abitibi* en raison de ses formes généreuses et arrondies, son vaste dôme surplombe la région.

Nous demeurions sur la Deuxième Avenue, au pied de la cathédrale, du côté de la rivière Harricana. À une certaine époque, que je n'ai pas connue, nous gardions une vache au pâturage en bordure de la rivière. En témoignent de vieilles photos de famille montrant maman en compagnie de sa protégée. De mon temps, ce champ en friche jonché d'herbes hautes, de buissons et de flaques d'eau nous servait de terrain de jeu. L'été, on y jouait à cache-cache en chantant *Allons au bois pendant que le loup n'y est pas. Si le loup y était, il nous mangerait.* L'hiver, les mares d'eau se transformaient en patinoire, attirant tous les enfants du voisinage. J'y vécus ma première expérience sur patin. Toute une aventure !

Par un beau dimanche après-midi, mes sœurs ainées, donnant suite à une demande formulée à plusieurs reprises, décidèrent que j'allais les accompagner à la patinoire. Enfin ! Depuis le temps que j'en rêvais ! J'héritai de la vieille paire de patins de François, qui la tenait sans doute lui-même de Jean-Paul, notre frère ainé. L'ajustement de la pointure à mon pied s'effectua en bourrant l'extrémité de la bottine de papier journal. Facile. Ne restait plus qu'à les chausser. Cette opération restera toujours gravée dans ma mémoire tellement elle s'avéra pénible. « T'es trop mou, lança maman qui, exaspérée, tentait de glisser mon pied à l'intérieur de la bottine. »

Assis sur ma chaise, crispé, je faisais de mon mieux pour l'aider. « Tu fais exprès, tiens-toi plus raide. »

Des crampes dans les jambes m'empêchaient de me contracter davantage. Et maman qui s'impatientait ! Je ne voulais pas la voir ainsi. Je fermai les yeux.

Tenant davantage d'un mollusque que d'un vertébré, j'ai toujours été mou et, j'imagine, le serai toujours. Au mariage de Jeannine, lors de la prise de vue de la photographie officielle au Château Inn, le photographe commença à effectuer la mise en place en lançant haut et fort : « Les jeunes, vous vous asseyez en avant ! » Âgé de cinq ans, je me sentis interpelé. Malgré ma gêne, je m'avançai le premier, faisant attention de ne pas glisser sur le plancher de bois fraichement verni, surface que j'avais visitée à quelques reprises auparavant, soulevant le rire des invités.

Arrivé au milieu de la salle, je m'accroupis. Mais

comment s'asseoir par terre comme ça au milieu de rien, sans aucun appui ? Perplexe, je choisis de croiser les jambes comme les Indiens, bien que je trouve cette position fort inconfortable. De quoi va avoir l'air une photo de noces avec des invités assis en Indien ? pensai-je. Déjà que quelques-unes des tantes portaient un chapeau qui ressemblait davantage à une tarte aux fruits qu'à une coiffure... Pas la peine d'en rajouter ! Je changeai de position. Le style romain, étalé sur le côté, ne me semblait pas approprié non plus. Heureusement, les convives finirent par s'approcher. Je commençais à me sentir ridicule de faire le singe, seul, au milieu de la place.

L'arrivée de François à mon côté résolut mon problème. Il posa un genou par terre, appuya un coude sur celui-ci. Et voilà ! Droit comme un pic ! Je l'imitai. « Tiens-toi un peu », me répéta le photographe. Je voulais bien obtempérer, mais dans ma tête j'étais tout ce qu'il a de plus droit, alors... Exaspéré, il finit par me laisser en paix. Il faut bien tolérer un certain degré d'imperfection dans son travail, sinon on n'en finit plus. Alors sur la photographie officielle du mariage de Jeannine, il y a François, un genou à terre, position droite, raide, musclée, et à côté de lui, son petit frère qui adopte la version molle de la même posture. Et tout le monde sourit.

Maman poussa un soupir de soulagement et se redressa. Cloué sur ma chaise, bouche bée, je fixai avec étonnement les patins, véritables objets de torture qu'elle venait de fixer solidement à mes pieds. Les grands lacets, particulièrement ceux faits de fibres jaunes et noires, je les avais toujours trouvés très beaux, mais là... Quel inconfort ! Comme si mes pieds se faisaient comprimer dans un étau... Tout à fait insupportable. J'aurais dû abandonner immédiatement l'idée de patiner, de jouer au hockey. Mais, têtu, obstiné, je ne renonce pas facilement à mes projets. Pourquoi tout ne se déroulait-il pas comme je l'avais imaginé ?

« Lève-toi, lança maman qui me sortit de ma torpeur. » Lentement, comme un chat qui sonde avec sa patte la solidité du sol avant de s'engager, je posai un pied par terre, puis un autre. Me voici sur une mer agitée, ballotté par de grosses vagues. Tant bien que mal, je tentai de conserver l'équilibre. Mes mains s'agitaient en tous sens, cherchant désespérément une bouée de sauvetage à laquelle s'agripper. Rien. Tous riaient de me voir gesticuler comme un pantin. Je perdis pied. On me redressa, je m'écoulai à nouveau. Il m'a fallu un certain temps avant d'être capable de demeurer debout. L'exploit réussit, je me joignis aux rires de l'entourage.

Mes sœurs Nicole et Françoise me transportèrent à bout de bras sur la patinoire. Si j'avais éprouvé des difficultés à me tenir debout sur la terre ferme, le tableau ne s'avéra guère plus reluisant sur la glace vive. La mer se déchaîna. Je n'avais plus de jambes. On me redressait, mais je retombais immédiatement. Pas facile de patiner ! Rien de naturel dans cet exercice. Par moments, sans doute parce qu'elles n'en pouvaient plus de mes chutes à répétition, mes accompagnatrices me laissaient par terre et allaient rejoindre les autres patineurs. Mes premières hémorroïdes remontent sans doute à cette époque !

Mais je persévérai. Après un certain temps, je parvins à conserver mon équilibre et à me donner de petits élans suffisamment pour glisser sur une courte distance, sans que je puisse contrôler la direction, bien sûr. L'exploit me grisa, me laissant entrevoir une carrière de joueur professionnel de haut niveau. Cependant, un événement tragique faillit couper court à mes plans.

Certains endroits, recouverts de glace mince, ne pouvaient pas recevoir de patineurs. Interdiction de s'y rendre. On me l'avait dit et rappelé. Cependant, avec ma technique consistant à me laisser glisser droit devant, me voilà parti en direction de l'endroit dangereux. Et je ne savais ni tourner ni freiner. J'aurais pu, au moins, avoir la présence d'esprit de me jeter par terre. Mais non ! Dans ma tête, rien, un désert. Tout ce que je réussis à faire pour assurer ma survie fut de crier à tue-tête. « Arrêtez-moi ! Arrêtez-moi ! » Mes sœurs hurlaient de me jeter par terre, mais le commandement ne se rendait pas à mon cerveau.

Mon appel de détresse fut entendu. Un des enfants du groupe, plus âgé, habile patineur, se rua vers moi. En quelques enjambées, il se trouva à ma hauteur et m'attrapa par un bras. Sauvé !

— On te l'avait dit de ne pas aller dans ce bout-là, me réprimandèrent mes sœurs, fâchées.

— J'ai pas fait exprès.

— Pourquoi tu t'jetais pas par terre ?

— J'étais pas capable.

— Attends que maman sache ça.

— C'est pas de ma faute.

Énervés, nous peinions à nous calmer. Je tremblais de partout. Mon sauveur s'appelait Michel Ducharme. Je me promis de lui être reconnaissant à tout jamais.

XXXXXX

Fait inusité, papa autorisa la construction d'une patinoire dans la cour, à proximité de la maison. Ce projet refaisait surface chaque hiver et recevait une farouche opposition. « Ça va faire geler les tuyaux », disait-il. Il nous avait tellement rabâché les oreilles avec cette histoire que je croyais qu'un ensemble complexe et fragile de conduits parcourait le sous-sol tout autour de la maison. À un point tel que j'avais peur de tout casser en posant le pied dans la cour. Cette année-là, papa fit confiance à ses tuyaux et donna son accord.

François et Michel Ducharme dirigèrent les travaux. Ils découpaient les blocs de neige et indiquaient où les disposer. Les enfants de mon âge transportaient la matière précieuse aux endroits désignés et, à grands coups de pelle, égalisaient le tout. Culbutes, poursuites et combats de balles de neige mettaient du piment à la tâche. « Si tu fais trop le fou, papa ne voudra plus qu'on fasse la patinoire », dit François devant mon manque de sérieux. La menace produisait l'effet escompté, je me calmai aussitôt.

Fin d'après-midi, une couche de neige bien tassée recouvrait l'emplacement de la future patinoire. Ne restait plus qu'à procéder à l'arrosage. L'opération allait s'effectuer le soir, en l'absence des moussaillons qui ne pensent qu'à jouer.

Ce soir-là régnait un froid de canard. Rivés aux fenêtres, nous regardions François et Michel Ducharme arroser la patinoire. Le décor, féerique. La lune, se reflétant sur la neige, jetait une lumière blafarde. À la sortie du boyau d'arrosage, l'eau formait des nuages de vapeur qui se dispersaient lentement. Deux ombres se déplaçaient à pas feutrés dans cette atmosphère surréaliste.

– Fait ben trop froid, dit maman, inquiète. Y'vont attraper la grippe.

– Y'achèvent, répliqua papa pour la rassurer.

Monté sur une chaise en compagnie de ma sœur Suzanne, mon ainée de deux ans, je regardais la scène. De temps à autre, je plaçais ma main contre la vitre afin de faire fondre le givre qui s'y formait, m'empêchant de voir convenablement. Bientôt, ma main devint glacée. Sur un coup de tête, je me détournai et posai la main gelée dans le cou de Suzanne en lançant un cri perçant. Surprise, elle tomba à la renverse et se retrouva par terre, pleurant toutes les larmes de son corps. Coupée nette, la poésie du moment.

Avec la pince qui lui servait de main, maman m'attrapa et me mit en pénitence à genoux dans le coin. « Malfaisant, va ! Quand est-ce que tu vas te tenir tranquille ? » Pourquoi avais-je fait ça ? Pour faire mon drôle, sans doute. Plutôt mauvais comme plaisanterie ! On finit par consoler ma sœur. Plusieurs fois, elle me fit de gros yeux. Pas fier de moi, j'aurais voulu m'excuser, dire que je ne recommencerai plus. Mais ne sachant pas trop comment m'y prendre, je restai muet. Le calme revint dans la maison.

Soudain, une rafale pénétra dans la maison. François, complètement recouvert de glace, referma précipitamment la porte derrière lui. « On a fini, lança-t-il à bout de souffle. » Je m'approchai. « Toi, tu t'lèveras quand j'te l'dirai, pis pas avant », dit maman, sur un ton qui ne laissait guère place à la négociation.

On se précipita sur François pour l'aider à se dévêtir.

« Si ça de l'allure ! dit maman. Tu vas te rendre malade avec ces maudites folies-là. »

Ses vêtements furent mis à sécher derrière le poêle à bois et les bottes, sur la porte du four qui, par temps froid, restait toujours ouverte. Les joues rouges, François se frottait les mains.

– Qu'est-ce que tu fais là ? demanda-t-il lorsqu'il m'aperçut.

– Y'a encore fait des niaiseries.

– Qu'est-ce qu'y a fait ?

J'écoutai le récit de mes exploits. « T'as l'air fin là ! » dit-il, une fois le compte-rendu terminé. J'appuyai le front contre le mur. « C'est d'même quand on fait l'fou », ajouta-t-il.

XXXXXX

Le lendemain matin, tous les enfants du voisinage envahirent la patinoire. Certains chaussaient des patins, d'autres, comme moi, des bottes. Compte tenu de mes performances sur deux lames, ce choix s'imposait.

– On devrait jouer une vraie partie, lança l'un d'eux après un moment.

– Mais y faut que tout le monde soit en patins, ajouta un autre en me regardant. Sinon, c'est pas juste.

– J'vais aller les mettre, mes patins, répliquai-je bravement. Ça m'dérange pas pantoute.

– Tu vas être gardien de but, ajouta François qui connaissait mes talents de patineur. Fais ça vite, on t'attend.

– Je m'éclipsai, à toutes jambes.

– Faut que j'mette des patins, pis que j'm'habille en

gardien de but, lançai-je en entrant dans la maison.

– Mais t'es pas capable de patiner, rouspéta maman.

– Pas grave.

Que signifiait au juste s'habiller en gardien de but ? On ne devient pas un Jacques Plante seulement en chaussant des patins. D'autres pièces d'équipement s'imposaient, mais lesquelles ? Angèle et Nicole, qui n'avaient sans doute pas grand-chose à faire, se proposèrent de me venir en aide.

Au premier étage, la garde-robe de la salle de bain servait de remise de vêtements. Selon la saison, on sélectionnait les habits appropriés ou, lors d'événements spéciaux comme l'Halloween, on puisait dans les boites remplies de vêtements soigneusement rangés pour se costumer. S'y trouvait également, un grand sac de toile vert, genre sac d'armée, contenant les pièces d'équipement de hockey appartenant à mon frère aîné, Jean-Paul, qui avait déjà fait partie d'une équipe commanditée par le Club Dragon. L'un des rares endroits où l'on trouvait une piste de danse ouverte plus tard que les hôtels, ce bar connut une popularité à une certaine époque. Logé au-dessus du magasin de meubles Légaré sur la Première Avenue, on y accédait par un long escalier droit, peu éclairé. Les dragons, ça demeure près des nuages , me disais-je, posté sur le trottoir, regardant cette longue série de marches qui montait sur deux étages.

L'essayage débuta. Les émanations de naphtaline, produit antimite communément appelé *boules à mites* que l'on insérait dans les boites pour protéger les vêtements, me firent éternuer à répétition. Mais j'aurais supporté n'importe quel supplice pour endosser le chandail vert foncé du Club Dragon, qui arborait un dragon rouge crachant des flammes orangées. Je m'identifiais à cette image. L'intensité de mon désir de jouer au hockey ressemblait à cette flamme brûlante, prête à tout dévorer sur son passage.

Lorsque mes sœurs eurent terminé le travail, j'avais pratiquement doublé de volume. Épaulettes, jambières, protecteurs ne convenaient pas du tout à ma taille. Le moindre déplacement s'avérait extrêmement difficile. Descendre au rez-de-chaussée représenta un exploit. « Regardez ! On a habillé Michel en gardien de but », lança Nicole à ceux et celles attablés dans la cuisine. Éclat de rire général.

François entra précipitamment dans la maison. En me voyant, il ne put s'empêcher de rire également.

– Si tu t'en viens pas tout de suite, ajouta-t-il, la partie va commencer sans toi.

– J'arrive. Y'me reste juste à mettre mes patins.

– T'as pas besoin de patins, dit maman. T'en as assez sur le dos comme ça.

– Si y'met pas de patins, y'pourra pas jouer, rouspéta François. C'est une vraie partie qu'on joue.

– Je vais les mettre, dis-je en me laissant choir sur une chaise. Mais j'vais juste enlever ma tuque le temps que vous allez les attacher, ajoutai-je en m'essuyant le front.

– C'est de valeur qu'on n'ait pas un kodak pour prendre une photo, dit Angèle, les larmes aux yeux.

Les patins attachés, on me redressa. Le bâton de hockey sur lequel je prenais appui glissa sur le plancher ciré et je tombai par terre.

– Tu vas t'faire mal, répéta maman.

– Ben non ! Je suis bien protégé, rétorquai-je d'un ton

rassurant qui ne convainquit personne, même pas moi.

On avait formé les équipes. D'un côté, Robert Paquin, Gerry Dufresne et Michel Ducharme ; de l'autre, Claude Arcand, François et moi.

On me déposa devant le but. Je pris quelques instants pour réfléchir à une stratégie qui prenait en compte mon handicap. Étant donné que les déplacements que je pouvais effectuer s'avéraient très limités, je demeurerai au milieu du but, fermement appuyé sur mon bâton, et attendrai que le joueur adverse fasse le premier geste. Aussitôt que celui-ci se compromet, je me jetterai sur la glace vers lui. Pas question d'essayer d'effectuer une quelconque enjambée, ça compliquerait tout. Voilà ! Stratégie simple, mais des plus efficaces.

Je ne me souviens plus qui chanta l'Ô Canada, mais après l'hymne national, on effectua la mise en jeu. La partie ne dura que quelques instants, le temps que Michel Ducharme saisisse la rondelle et se dirige vers moi. Confiant, je me rejouais ma stratégie en tête. Il effectua une feinte à droite. J'aurais bien voulu mordre à sa manœuvre, mais, trop lent, je n'eus pas le temps de réagir. Il revint sur la gauche et tenta de me déjouer. Sans perdre un instant, je me précipitai vers lui, tête première. Tir. Paf ! En pleine figure !

Il y avait du sang partout. « Vite ! Mettez de la neige ! » cria-t-on. Étalé sur le dos, je ne voyais que des visages qui défilaient au-dessus de moi. Les compresses de neige arrivèrent. On m'en plaça sur les lèvres et le nez. « Faut le geler. Comme ça, y sentira pu rien », dit un quelconque expert.

Je ne me préoccupais pas tellement du sang qui ne

cessait de gicler, mais plutôt, je craignais d'avoir taché le beau chandail de Jean-Paul. Qu'est-ce qu'il allait dire ? Son chandail du Club Dragon plein de sang ! Puis quelqu'un me dit que malgré l'accident, j'avais tout de même effectué l'arrêt. J'entendis même Michel Ducharme dire à François : « Y va faire un bon gardien de but, y'a pas peur de la rondelle. » Reconnaissance ultime ! Que demander de plus ?

On me mit une serviette sur la bouche. Après m'avoir retiré jambières et patins, François me transporta à la maison dans ses bras. Maman fulminait.

– J'te l'avais dit que t'allais t'faire mal.

– C'est pas de ma faute, c'est un accident.

– À l'avenir, tu m'écouteras quand j'te dirai quelque chose. Regarde-toi. Qu'est-ce que t'as d'l'air ?

J'avais effectivement mauvaise mine, lèvre supérieure coupée, très enflée. Et ça n'arrêtait pas de saigner. Quelques jours plus tard, j'eus, en prime, les deux yeux au beurre noir.

Ce fut la seule année où il y eut une patinoire dans la cour.

Chapitre 3
Le repêchage

Lorsqu'on proclame ton nom dans la salle bondée de propriétaires d'équipes, d'instructeurs, de reporters, de spectateurs, des membres de ta famille et d'amis, un frisson te parcourt l'échine. Tu trépignes de joie. Puis commence la mitraille des appareils photo et les interviews des journalistes qui posent toujours les mêmes questions banales.

Les bandes indiquant l'emplacement des futures patinoires installées récemment dans la cour d'école annonçaient l'imminence de notre rendez-vous annuel avec le froid et la neige, l'hiver. Bientôt, chute du mercure, début des précipitations et, par un beau matin, sur le grand tableau vert suspendu au-dessus du bureau du frère Laporte, une invitation aux élèves qui désiraient faire partie d'une équipe de hockey à venir s'inscrire le samedi suivant. Le hockey organisé se pratiquait à l'école à cette époque.

Je réfléchis longuement à la proposition. Faire partie d'une équipe m'intéressait, certes, mais mes performances sur la patinoire ne m'incitaient pas à joindre un groupe, même de débutants. Mon incapacité à patiner convenablement me gênait. Au mieux, je parvenais à rester debout et à filer droit devant. Dès que je tentais de changer de cap, ça se gâtait. J'exécutais des pantomimes dignes de mauvais numéros de cirque, puis l'univers basculait et je me retrouvais les quatre fers en l'air sur la surface glacée. Normalement, dignité oblige, je ne me serais jamais livré à un tel spectacle. L'élégance, le savoir-faire, j'apprécie. Cependant, mon entêtement à vouloir suivre les traces de mon idole m'incitait à passer à l'action. Je devais relever le défi coûte que coûte. Au diable l'amour-propre !

De la deuxième à la dixième année, j'ai fréquenté l'école des Clercs de Saint-Viateur réservée aux garçons. Les Frères, comme on les appelait, assuraient la direction et partageaient les postes d'enseignement avec les laïcs, hommes et femmes.

Le jour de l'inscription, je me rendis à l'école d'un pas mal assuré, prêt à changer d'idée à tout moment. Il me fallut tout mon courage pour ne pas tourner les talons. Comme d'habitude, j'arrivai par la cour arrière. Personne. Aucun signe de vie. M'étais-je trompé de journée ? La porte devait sûrement être verrouillée. Je poussai le battant. Ouvert. J'entre. Une faible clameur en provenance de la salle académique mit un terme à mes interrogations, l'inscription avait bel et bien lieu aujourd'hui. Pause. Encore possible de faire marche arrière. Pourquoi ne pas juste jeter un coup d'œil ? À pas de tortue, j'approchai, me laissant guider par le tumulte qui s'intensifiait au fur et à mesure que j'avançai. Un escalier. Un corridor. Puis… Quelle surprise ! De nombreux élèves avaient répondu à l'invitation. La salle bondée, agitée, en témoignait.

Dans l'attente des directives, je me promenai parmi les différents groupes. Ça discutait ferme, il y avait de l'électricité dans l'air. Se rendre à l'école un samedi matin représentait, en soi, un événement inhabituel. Et la perspective de jouer au hockey ajoutait à l'excitation.

Moi, par contre, je restai muet. Ne sachant pas patiner convenablement, je craignais que ce handicap ne m'empêche de faire partie d'une équipe. J'observais ceux qui n'en étaient pas à leurs premières armes, ils discutaient de formations éventuelles et précisaient avec qui ils désiraient jouer au cours de la nouvelle saison. Certains parlaient discrètement, d'autres, n'ayant pas encore découvert une quelconque forme de subtilité, étalaient ouvertement leurs préoccupations.

– Toé, Croteau, t'es pas bon, j'te veux pas dans mon équipe, lança l'un.

– C'est toé l'pas bon, répondit l'interpelé, tu sais même pas patiner.

Dans la majorité des débats, savoir patiner s'avérait un argument de poids. Ma nervosité s'en trouva augmentée de plus belle. S'il y en avait un dans la salle qui ne savait pas patiner, c'était bien moi.

Le frère Laporte allait et venait en consultant ses papiers retenus à une planchette par une grosse pince. En plus de coordonner les activités sportives, le Frère faisait office de préfet de discipline. Malgré cette tâche ingrate, tous les étudiants l'aimaient. De taille moyenne, quelque peu bedonnant, son visage rond garni de pommettes saillantes et ses yeux rieurs le rendaient sympathique. Une aura positive flottait autour de lui. Il taquinait les élèves, racontait des histoires et ne levait jamais la main sur aucun d'eux, contrairement à quelques-uns de ses collègues, dont le frère Morin, véritable tortionnaire au regard fixe, qui ne se gênait pas pour *donner la strap.*

Vêtu de sa longue soutane noire aux mille et un boutons, le Frère monta enfin à la tribune. Tous les regards se tournèrent vers lui. « Voulez-vous jouer au hockey ? » demanda-t-il.

La réponse des enfants ébranla les fondations de l'école.

— Aimez-vous ça quand les joueurs de la même équipe portent un chandail de la même couleur ?

— Oui !

— Pour pouvoir faire ça, il faut que vous preniez soin des chandails et de l'équipement qu'on vous prête. Entends-tu ça, Mongrain ? lança-t-il à un gars qui parlait à son voisin. C'est pas le temps de parler, c'est le temps d'écouter.

L'interpelé se tut.

— Qu'est-ce qu'on fait avec son chandail une fois que la partie est terminée ? Hein, Mongrain ?

— On le ramène.

— Où est-ce qu'on le ramène ?

— Au magasin.

— Puis qu'est-ce qu'on fait avec le chandail ? De quelle façon qu'on le range ? Est-ce qu'on le jette dans le fond d'une boite comme tu faisais l'année passée, Mongrain ?

— On le met sur un support, répondit Mongrain après un instant de réflexion.

— Entends-tu ça, Grenon ? Même Mongrain rapporte son chandail et le range sur un support. Penses-tu que tu peux en faire autant ?

— J'vais essayer… Si Mongrain le fait.

Quelques éclats de rire volèrent dans la salle.

– Penses-tu que tu vas être capable ? Parce que si t'es pas capable, on va y voir tout de suite.

– Oui, oui, je vais être capable, répondit précipitamment Grenon, sachant qu'il ne fallait pas prendre les menaces du Frère à la légère.

La règle concernant les chandails bien comprise par les troupes, le Frère enchaîna avec les consignes d'utilisation des autres pièces d'équipement. Puis il énonça quelques notions de base comme défense de se promener en patin dans l'école, et d'autres datant du moyen-âge qui, étonnamment, échappaient à la vigilance de certains : défense de se battre, défense de s'entretuer…

Un groupe d'adultes assistait à la réunion. Lorsque le Frère nous les présenta comme étant nos futurs instructeurs, ma nervosité monta d'un cran. Nous allions être dirigés par un instructeur, un vrai, comme les équipes de hockey professionnel. Ça devenait de plus en plus sérieux. Comment allais-je dire à l'instructeur que je ne savais pas patiner ?

La présentation des instructeurs terminée, on forma, selon l'âge, trois groupes : Mosquito, Pee-Wee et Bantam. Brouhaha dans la salle, tout le monde change de place. Je faisais partie des plus jeunes. À ma grande surprise, j'étais le plus grand du groupe. Jamais, dans aucune classe, cela ne s'était présenté. Cette constatation me rassura. Dans mon cerveau s'opéra alors une réaction pour le moins étrange. La chimie des éléments produit parfois des effets magiques. Me voilà sorti de mon mutisme, racontant n'importe quoi à n'importe qui. Même que je m'entendis dire que j'avais déjà joué au hockey et que je m'en tirais assez bien. Je n'ai jamais compris ce qui s'était passé au juste dans ma tête à ce moment-là. Pourquoi avais-je réagi ainsi ? Le vertige des hauteurs sans doute !

Le groupe Mosquito comptait suffisamment de joueurs pour former quatre équipes. Une fois les instructeurs et les capitaines nommés, chaque formation choisit un joueur à tour de rôle. Sans doute à cause de la confiance que j'avais manifestée, on me sélectionna le premier. Mon capitaine s'appelait Rioux, je ne me souviens plus de son prénom. Je le savais bon joueur. Il me nomma assistant sur-le-champ et ajouta que nous jouerions sur la même ligne d'attaque. Quel honneur !

De taille moyenne, ni gras, ni maigre, châtain, frisé, timide, notre instructeur se voulait silencieux. En dépit de la chaleur qui régnait dans la salle, il avait conservé son manteau et gardait ses mains dans les poches à hauteur de la poitrine. Ainsi, bras pliés et coudes relevés, il ressemblait à une poule. Il regardait de tous bords, de tous côtés, souriant béatement. Un genre de crampe faciale que certains ont à la naissance et qu'ils conservent toute leur vie. J'affichai mon sourire à cent piastres et lui rendis la pareille. Il ne réagit pas. Me sentant ridicule, je cessai de grimacer. Comment établit-on le contact avec une poule qui sourit ?

J'en conclus qu'il souffrait de timidité. Puis, me disant qu'un instructeur, aussi timide soit-il, a toujours une stratégie en tête, je pensai qu'il cherchait à instaurer un climat de confiance. Il avait réussi en ce qui me concerne.

Le timide instructeur n'intervint pas dans le choix des joueurs, laissant Rioux accomplir le travail. Comme toujours, la formation des équipes se termina sur une note pénible. Ne restait plus que les petits, dont personne ne voulait, qui nous regardaient avec leurs grands yeux tristes, nous, les heureux élus.

– Prenez-les, ces quatre-là, criait Rioux aux autres capitaines. J'en veux pas dans mon équipe, y'sont pas assez bons.

– Nous autres, on s'est forcé, on a pris Bourgois qui n'est même pas capable de patiner. C'est à votre tour de faire votre part.

Cette chamaillerie cruelle se termina dès que le frère Laporte s'approcha. Il rappela quelques notions de savoir-vivre. Nous étions là pour nous amuser, tous devaient faire partie d'une équipe. Et il n'y avait pas place à la discussion.

– OK, on va prendre Carrière, dit Rioux. Mais t'as besoin de t'forcer, ajouta-t-il en s'adressant à ce dernier.

– Toi aussi, t'as besoin de t'forcer, répliqua le Frère à Rioux.

La sélection des joueurs terminée, nous nous regroupâmes autour de notre timide instructeur. Il dit qu'il était content de nous diriger et que nous allions connaître une bonne saison. « L'important, c'est l'esprit d'équipe », ajouta-t-il en terminant.

Tous les joueurs acquiescèrent en faisant aller leurs grosses têtes molles de haut en bas. Puis il y eut un vide, plus personne ne parlait. Le timide instructeur rougit. Je sentis son malaise. « Il faut travailler fort », dis-je, pour combler le silence qui n'en finissait plus.

Ma réflexion me semblait à propos, tous les joueurs de hockey disaient ça. À nouveau, les grosses têtes molles se firent aller. Nouveau silence. Rioux sauva la situation. « On est là pour gagner, lança-t-il. Les gars des autres équipes, j'les connais, ils patinent sur la bottine. On va finir les premiers. »

La valse des grosses têtes molles reprit.

Dans un éclair de génie, le timide instructeur nous épargna un nouveau silence en annonçant que nous allions désigner la position de chacun. Sujet de discussion en or, tous commencèrent à piailler en énumérant toutes les positions. Rioux tentait d'assigner aux postes de défenseur ceux qu'il pensait les moins talentueux. « Tires-tu de la droite ou de la gauche ? » demanda-t-il soudainement en se tournant vers moi.

Quel coup bas ! Ne sachant pas patiner, mon bâton me servait principalement de point d'appui. Je l'utilisais comme un boiteux recourt à une canne. Le tir au but représentait une étape lointaine dans mon apprentissage que je n'entrevoyais pas entreprendre de sitôt. Bien sûr, je parvenais à agiter maladroitement mon bâton lorsque la rondelle se présentait. Cela n'avait rien d'un tir comme tel, mais reflétait plutôt une intention. Quand serais-je en mesure d'effectuer un tir convenable ? Mystère et boule de gomme.

– Des deux bords, dis-je, pour me tirer d'embarras.

– OK. Tu vas jouer au centre, puis moi, à l'aile gauche, répliqua-t-il.

– C'est justement c'que j'pensais.

Ma réplique me coupa le souffle. Mon insertion dans le monde du hockey s'effectuait à une vitesse vertigineuse. Je n'avais aucun contrôle ni sur moi ni sur ce qui se passait. Et je disais n'importe quoi.

– Tu vas voir qu'on va en marquer des buts, dit Rioux, me tirant de mes réflexions.

– Je vais t'faire de belles passes, tu vas juste avoir à

mettre la rondelle dans le but, répliquai-je.

Plus ça allait, plus je me faisais prendre à mes propos déments. Transformé en Jean Béliveau, je tricoterais des jeux, créerais des ouvertures et alimenterais les ailiers de passes qui dérouteraient l'adversaire. Malgré toutes ces performances époustouflantes, je demeurerais humble. La tête froide, exténué, je reviendrais au banc des joueurs en acceptant d'un léger signe de la tête les félicitations de mes coéquipiers qui me donneraient de petits coups de bâton sur les jambières ou sur les fesses.

Finalement, le timide instructeur nous demanda de former un cercle et nous prodigua ses dernières recommandations.

– La veille d'une partie, je veux que vous vous couchiez de bonne heure pour être en forme le lendemain matin. Compris ?

– Oui, répondirent quelques-uns.

– Plus fort que ça, reprit le timide instructeur.

– Hip ! Hip ! Hip ! enchaîna le timide instructeur.

– Hourra !

– Hip ! Hip ! Hip !

– Hourra !

– À samedi prochain, dit le timide instructeur en terminant.

Le groupe se dispersa. Se tenant par les épaules, quelques-uns quittaient la salle en chantant. « Halte-là ! Halte-là ! Halte-là ! Les Canadiens. Les Canadiens. Halte-là ! Halte-là ! Halte-là ! Les Canadiens sont là. Les Canadiens. Les Canadiens sont là. »

– On ne joue pas aujourd'hui ? demandai-je au timide instructeur.

– Ben non ! De toute façon, t'as même pas tes patins.

– Pas besoin de patins pour jouer au hockey.

– Samedi prochain. Sans faute, dit-il en terminant.

Je me résolus à quitter les lieux. À la sortie de l'école, je croisai Rioux.

– On va battre tous les records.

– Ben sûr !

De retour à la maison, j'annonçais à mes proches que je faisais partie d'une équipe de hockey.

– T'es allé t'inscrire ? demanda François.

– Oui, pis on a formé les équipes. C'est moi le premier choix du repêchage ! ajoutai-je fièrement.

Chapitre 4
Les rangs juniors
**Les longs chemins de l'apprentissage parsemés
d'embûches où tu dois faire tes classes.**

Dans la cour de l'école Saint-Viateur, deux patinoires faisaient la joie des joueurs de hockey. Une petite, où se disputaient les parties des Mosquitos et des Pee-Wees, et une grande, pour celles des Bantams et des Midgets. L'entretien de la glace, sous la supervision du frère Laporte, s'effectuait principalement par les élèves du secondaire, de la huitième à la onzième année. Les jeunes du primaire, de la deuxième à la septième année, ne participaient qu'à certaines opérations.

Les services de l'école ne pouvant accommoder toute la faune étudiante en même temps, les élèves du secondaire se rendaient directement en classe lorsque leur cloche sonnait, tandis que ceux du primaire, dont je faisais partie, se mettaient en rangs dans la salle académique. Chaque élève prenait alors la place qui lui avait été attribuée au début de l'année. Les institutrices se tenaient devant leur classe respective. Rien n'échappait à leur surveillance, valait mieux se tenir tranquille.

Une fois les rangs formés, le frère Laporte montait à la tribune. Sur un ton humoristique, il communiquait les informations d'ordre général, ainsi que les instructions à suivre concernant les activités en cours. Il profitait également de l'occasion pour en réprimander quelques-uns qui avaient fait preuve d'indiscipline. En plus de se faire humilier devant tous, un élève ainsi pris en défaut savait qu'il aurait à subir, une fois en classe, les foudres de son institutrice qui, consciencieuse, se sentait personnellement attaquée par le Frère lorsque celui-ci visait l'une de ses ouailles. Voilà où se situait le réel danger. Cœur tendre, rusé, le frère Laporte ne punissait jamais un élève, mais procédait par personne interposée.

La mise en place des patinoires s'effectuait en plusieurs étapes. Des volontaires installaient d'abord les bandes, puis une fois les précipitations de neige au rendez-vous, on transportait celle-ci à l'intérieur des enceintes. Les plus mordus restaient parfois tard le soir pour effectuer ces travaux. Lorsqu'il y avait suffisamment de neige, le Frère déclarait : « Aujourd'hui, on tape la neige ». Commençait alors une opération des plus inusitées consistant à courir d'une extrémité à l'autre de la patinoire. Tel un troupeau d'animaux sauvages, nous nous précipitons dans la neige folle en criant à pleins poumons. Dans la bousculade qui s'ensuivait, certains trébuchaient et se faisaient piétiner.

– Tu m'as fait tomber, protestait l'un.

– T'as juste à courir plus vite !

Parfois, certains se chamaillaient. Un seul avertissement du frère Laporte suffisait à rétablir le calme. Lorsqu'un individu se voyait menacer de se faire exclure de l'opération tapage de neige, il se calmait tout de suite et reprenait les rangs. Une fois le troupeau arrivé à l'extrémité de la patinoire, tous, malgré les accidents de parcours, ne demandaient qu'à refaire le trajet en sens inverse. Et cela reprenait de plus belle jusqu'à la compaction de la neige. L'opération terminée, à bout de souffle, épuisés, nous retournions en classe. La course avait miné l'énergie de chacun. Régnait une quiétude inhabituelle, au grand plaisir des institutrices.

Pendant ce temps, le frère Laporte procédait à l'arrosage. Le froid abitibien se chargeait du reste. Bientôt, de belles surfaces de glace vive n'attendaient que nous. Impossible d'y résister.

Après chaque tempête, déneigement obligatoire. Munis de grattoirs, en file indienne, nous courions à toutes jambes sur la glace. Les moins rapides se faisaient bousculer, ce qui dégénérait inévitablement en engueulades. En cas de précipitations abondantes, le déneigement s'effectuait à la pelle. Travail pénible, les volontaires se faisaient plus rares. Le Frère devait nous menacer de ne plus faire de patinoires pour parvenir à recruter des pelleteurs. Il utilisait également cette tâche comme mode de punition. La pelle venait à bout des esprits les plus rebelles.

Intenable la semaine d'attente précédant la première partie. À quelques reprises, je tentai de me coucher tôt, 7 heures environ, sans aucun résultat. Affreux même. N'étant pas habitué à me coucher à l'heure des poules, je me réveillai à 11 heures et ne me rendormis qu'à 3 heures du matin.

Je voulus m'inspirer de mon idole. Pendant de longs moments, j'examinai des photos de Maurice Richard. Quel regard imposant ! La détermination et le courage se lisaient dans ses yeux. Devant le miroir, je tentai de l'imiter. J'hypnotiserai l'adversaire, lui ferai perdre tous ses moyens. On devient un véritable champion dans sa propre tête d'abord, me répétai-je, essayant d'avoir l'air le plus sévère possible. À force de me regarder fixement dans le miroir en louchant, je ne réussis qu'à me donner un mal de bloc.

Je désirais être en pleine possession de mes moyens pour le grand jour. Ne négligeant aucun détail, je fis aiguiser mes patins chez le cordonnier Gravel. Il me rabâcha une histoire sur les techniques d'aiguisage qui, paraît-il, variaient selon la position du joueur. L'aiguisage d'une lame de patin de gardien de but diffère de celle d'un attaquant. Je ne compris pas grand-chose aux explications, trop détaillées pour moi, et oubliai le type d'aiguisage retenu. Mais ces informations allaient bientôt me servir.

<h2 style="text-align:center">XXXXXX</h2>

Le samedi matin fatidique, je me rendis à l'école d'un pas rapide. Tout se déroulait bien jusqu'au moment où, paniqué à l'idée d'être en retard, je me mis à courir. J'avais oublié que je portais les patins en bandoulière. J'en reçus un en pleine figure, sur la lèvre. Heureusement, le sang ne gicla pas. Je ralentis la cadence, au risque d'être en retard.

Arrivé à l'école, je me rendis à la patinoire pour constater l'état des troupes. J'ai toujours aimé les commentaires d'avant-partie. Notre timide instructeur, la poule, se tenait en bordure de la surface glacée, sourire béat, mains dans les poches. Sur la glace, Rioux patinait avec aisance. Dès qu'il m'aperçut, il vint à ma rencontre.

– Qu'est-ce que tu fais là ? demanda-t-il brusquement.

– Je viens juste d'arriver.

– Grouille-toi ! La partie va commencer. Faut se réchauffer, pratiquer des jeux.

Je tournai les talons et me précipitai vers l'école.

Près de l'entrée, à côté du bureau du frère Laporte, le vestiaire, qui servait également de fumoir, seul endroit dans l'école où pouvaient griller une cigarette les élèves qui avaient fourni une autorisation écrite des parents leur permettant de fumer. Des bancs droits de contreplaqué brun pâle meublaient tout le tour de la pièce. Muni de charnières, le siège des bancs se levait, offrant un espace de rangement. Les bottes s'y empilaient pêle-mêle.

Je me procurai un chandail dans le magasin sportif, attenant au vestiaire, où s'entassaient les pièces d'équipement de hockey mises à la disposition des joueurs. Sur des cintres, bien alignés, les chandails. En dessous, de grandes boîtes de carton contenaient diverses pièces : jambières de gardien de but, gants, masques protecteurs, etc. Ça sentait la boule à mites. Tiens, tiens, me voici en territoire connu !

Le chandail de notre équipe, bleu pâle, ne me plaisait pas du tout. Selon moi, la couleur ne convenait pas au hockey, un jeu robuste. Le rouge, comme le chandail des Canadiens, le représentait mieux. Quant au bleu pâle, cela évoquait davantage la douceur, le paradis. Bon !

Je cherchai le chandail avec le numéro 9, celui de Maurice Richard, mais on l'avait pris. J'en choisis un autre au hasard. Sur le devant, un gros écusson ovale identifiait le commanditaire, la mercerie Cossette. Si tous les joueurs de toutes les équipes portaient un chandail des Canadiens, me dis-je résolument en retournant au vestiaire, on ne pourrait pas jouer au hockey.

Je me changeai en vitesse et sortis de l'école en toute dignité, sans tomber. Un gros tapis de caoutchouc recouvrait le plancher, facilitant la marche. À l'extérieur, les choses se gâtèrent. Je dus affronter un obstacle qui faillit mettre un terme à ma carrière naissante. Pour me rendre à la patinoire, je devais franchir une légère dénivellation de terrain recouverte de glace. Telle une montagne, cette pente d'un pied de haut se dressait devant moi. À plusieurs reprises, je tentai l'escalade. La montagne me rejetait continuellement sur ses flancs. Finalement, non sans avoir vérifié aux alentours si un quelconque spectateur s'y trouvait embusqué, je me résolus à vaincre l'obstacle en rampant. Aucun style.

Le reste du parcours s'effectua sans embûche. Les lames de patins pénétrant dans la neige tapée assuraient un support adéquat. Avant de sauter sur la glace, je fis une pause. Rioux, tout près, discutait avec l'entraîneur. Il se plaignait du mauvais état de la glace. J'attendis qu'il s'éloigne pour effectuer mon entrée en scène. Parmi les joueurs sur la patinoire, certains ne savaient pas patiner. Cela me rassura. Ne pouvant plus reculer, je me jetai à l'eau.

Tout comme la première fois sur l'étang gelé en bordure de la rivière, dès que je posai un patin sur la glace, la mer se déchaîna. Je me retrouvai les quatre fers en l'air. Après une multitude de tentatives de redressement infructueuses, épuisé, je résolus de me reposer quelque peu. J'en profitai pour me situer. La tempête m'avait complètement déboussolé. Ah! Curieux! Je n'avais pratiquement pas avancé d'un pas. Étalé tout près de la porte d'entrée, j'obstruais la circulation. Je roulai sur le côté pour dégager le passage.

Rioux s'amena en trombe. Il freina brusquement, me couvrant d'un nuage de neige.

— Je pensais que tu savais patiner, lança-t-il en me regardant avec mépris.

Je ne voulais pas discuter de son point de vue, il avait droit à son opinion, que je respectais d'ailleurs !

— C'est pas de ma faute, la glace est pas belle, dis-je. Pis j'sais pas pour quelle position mes patins ont été aiguisés.

— Qu'est-ce que tu veux dire ? demanda-t-il, surpris.

— S'ils ont été aiguisés comme des patins de gardien de but, pis que je joue à l'attaque, ça marchera pas. Le cordonnier me l'a dit.

— En tout cas, viens de l'autre côté, répliqua-t-il après un instant de réflexion au cours duquel il ne parvient pas à donner un sens à mes propos. Faut réchauffer le gardien, ajouta-t-il avant de s'éloigner, toujours l'air intrigué.

Quelle idée de nous avoir attribué le côté de la patinoire le plus éloigné de la porte d'accès ! Fallait s'y rendre maintenant. Comment me déplacer ? Une idée de génie me traversa l'esprit. Si je combinais hockey et natation… Étant un excellent nageur, peut-être que ça fonctionnerait. Je me mis à plat ventre et exécutai des mouvements de crawl, puis de brasse. Bingo ! Je parvins à avancer. Guidé par la prudence, je gardai la tête haute afin d'éviter les dangers. L'océan regorge de rondelles qui vous sifflent aux oreilles.

Une fois de l'autre côté de la mer glacée, j'entrepris, en m'agrippant à la bande, de passer à la position verticale. Après quelques tentatives, réussite totale. Bien campé sur mes deux bottines, je me tenais debout, appuyé sur mon bâton. Pas très élégant comme style, j'en conviens, mais le fait de voir la situation de haut me procura une certaine satisfaction. Cela convenait davantage à la pratique du hockey.

Soudainement, un écervelé me lança la rondelle. Je ne pus esquiver le projectile. Bang ! Je coulai à pic. Fallait tout recommencer. Quelle idée de me torpiller de la sorte !

– Qu'est-ce qu'y t'prend à m'tirer dessus ?

– On s'pratique à faire des passes.

– Ben trouve quelqu'un d'autre. Moi, j'essaie juste de m'tenir debout, comment veux-tu que j'fasse une passe ?

Au plan strictement hockey, il est plutôt embêtant de chuter dès que l'on touche à la rondelle ou que la rondelle nous touche accidentellement. Les jeux extraordinaires que j'avais en tête devenaient très difficiles à exécuter dans de telles conditions. Mais… Persévérance. Les difficultés, je vais les surmonter une à une, me dis-je. La mer finira bien par se calmer.

La question du tir au but, je l'abordai de front et, ma foi, sans résoudre complètement l'énigme, j'obtins un résultat teinté d'espoir après un certain temps. En fait, ce que je parvins à mettre au point ne représentait pas véritablement un lancer, car la rondelle parcourait peu de distance et ne se rendait pas à la cible. Ma technique reposait sur une intention. Pas rien tout de même. Je parvins à synchroniser mes chutes avec mes lancers, c'est-à-dire qu'en tombant, j'en profitais pour pousser la rondelle. Cette méthode peut paraître simpliste, mais, contrairement à ce qu'on peut imaginer, elle pourrait trouver preneur. Dans le jargon du hockey, les appellations tir du poignet, tir frappé, tir voilé, tir sur réception sont chose courante. Voici que j'introduis le tir sur chute à cette liste.

Quelques instants avant que la partie débute, Rioux vient à ma rencontre.

– T'es pas assez bon pour jouer au centre, dit-il. Tu seras même pas capable de faire les mises au jeu.

– C'est certain que j'ai encore besoin d'un peu de pratique, mais si…

– Tu vas jouer à la défense. Tout est arrangé.

Sort réservé aux moins talentueux que de se faire reléguer au poste de défenseur. De toute évidence, on tramait des complots dans mon dos. Ne voulant pas détériorer l'esprit d'équipe, je choisis de ne pas en faire un plat.

La partie débuta. Ce ne fut qu'une interminable série de chutes. Tous les joueurs se précipitaient en même temps sur la rondelle et se retrouvaient étalés sur la glace, ceux qui savaient patiner trébuchant sur ceux qui ne le savaient pas. La rondelle se déplaçait très peu.

Lors d'un changement de joueurs, je me retrouvai en bordure de la patinoire, debout, les lames de patins plantées dans la neige tapée, tout à côté du timide instructeur qui ne semblait pas trop savoir que faire, Rioux prenant toutes les décisions. Sourire béat, la poule regardait la basse-cour. Soudainement, j'apparus dans son champ de vision. Je croyais qu'il allait me donner un conseil, une directive… Rien. Je lui rendis son sourire. Pour casser ce silence gênant, je lui demandai comment améliorer mon coup de patin. Il me répondit de ne pas m'en faire avec ça et d'encourager mes coéquipiers. Je ne me fis pas prier. Pour crier, nul ne me surpassait. Je me mis à hurler à tue-tête, plus que ne le permet le sens commun. Le timide instructeur, à l'origine de ce cataclysme, semblait gêné par tant d'emportement. Après un certain temps, Rioux me demanda de baisser le ton. « Moi, je fais simplement ce que la poule me demande », répondis-je. Il me jeta un regard étrange, un peu craintif, ne comprenant rien à mes propos. Croyant sans doute qu'il avait affaire à un demeuré, il ne me donna plus aucune consigne par la suite. Même qu'il me fuyait. Toujours ça de gagner !

Nous perdîmes 2 à 0. Première impression, marquer un but représente tout un exploit. Vraiment pas facile. Même Rioux avait été tenu en échec. Je n'entrevoyais pas le jour où j'allais réussir une telle prouesse. Dire que Maurice Richard, lui, en marquait tant !

De retour au vestiaire, je chaussai mes bottes avec empressement. Quelle satisfaction de se tenir debout, sur la terre ferme ! Mes coéquipiers acceptaient mal la défaite. Rioux, triste et désespéré, se retrancha dans un mutisme, ce qui ne lui ressemblait pas du tout. Moi, j'affichais une humeur excellente.

Le timide instructeur nous réunit dans une petite salle. Il dit de ne pas s'en faire avec la défaite et ajouta, qu'après chaque partie, il allait nous montrer des jeux. Enfin, la poule déballait la marchandise ! Pas trop tôt ! Ces enseignements allaient sûrement nous permettre de nous améliorer, particulièrement moi qui en avais grand besoin.

– Premièrement, expliqua-t-il, le hockey, c'est un jeu de position. Quand on vous assigne une position, vous devez la garder. Compris ?

– Ouais ! acquiescèrent les grosses têtes molles qui

entreprirent une valse.

– À l'avant, reprit le timide instructeur qui parlait lentement comme s'il nous avait expliqué la théorie de la relativité, il y a le centre, qui joue au centre, l'ailier droit à droite et l'ailier gauche, à gauche.

Tout en parlant, il dessina au tableau le croquis d'une patinoire et y indiqua les différentes positions.

– C'est la même chose pour les défenseurs. Le défenseur droit joue à droite, le défenseur gauche, à gauche. De cette façon-là, chaque joueur couvre une partie de la patinoire. Compris ?

Nouveau pas de valse pour les grosses têtes molles.

– Si la rondelle vient ici, reprit-il en désignant un point précis sur le croquis, c'est ce joueur-ci qui va la chercher. Les autres joueurs se rapprochent un peu tout en conservant leurs positions. Compris ?

Pas de valse.

– Aujourd'hui, vous étiez tous dans le même paquet, ajouta-t-il en fonçant les sourcils. C'est pour ça que vous n'étiez pas capables de patiner, vous trébuchiez les uns contre les autres.

Enfin, on me donnait une explication au sujet de mon incapacité à patiner convenablement ! Cela me réjouit. Lorsque je suis excité, j'ai la fâcheuse manie d'émettre des commentaires inutiles, de poser des questions idiotes. Je me tortillai sur ma chaise, il fallait que j'intervienne.

– Oui, mais qu'est-ce qu'on fait quand le joueur de notre équipe qui doit aller chercher la rondelle fait une chute ? demandai-je. Faut bien l'aider.

Le timide instructeur prit la question au sérieux. Sur le croquis, il simula la chute d'un joueur, puis indiqua de quelle façon les autres joueurs devaient réagir sans s'attrouper. L'explication était simple, logique. Ce petit jeu de question/réponse me plaisait.

– Qu'est-ce qu'on fait quand les cinq joueurs adverses attaquent tous du même côté? demandai-je, m'inspirant des techniques d'attaques des légions romaines.

– Qu'est-ce que tu veux dire?

– Supposons qu'on joue contre des adversaires qui ne savent pas jouer et qu'ils attaquent tous du même bord. On peut pas se défendre à un contre cinq.

Je n'oublierai jamais l'air déconfit du timide instructeur ni le regard qu'il me lança. À cet instant précis, il dut commencer à douter de sa carrière d'entraîneur.

– C'est impossible ce que tu dis là.

– C'est pas tout le monde qui sait jouer au hockey. Qu'est-ce qu'on fait si ça arrive?

– C'est tout pour cette semaine, dit-il, mettant un terme à la discussion. On se revoit samedi prochain.

À ma façon, je suis têtu. J'ignore pourquoi, car je n'attache pas vraiment d'importance aux sujets abordés. Le timide instructeur avait imaginé des situations, je ne faisais que renchérir la discussion. J'ai toujours aimé les simulations, les études de cas.

– En tout cas, dis-je en quittant la salle, j'ai déjà vu Jean Béliveau quitter sa position de joueur de centre pour aller chercher la rondelle dans le coin de la patinoire.

– Tout ce que je veux dire, c'est de ne pas vous entasser tous dans le même paquet. Quand vous faites ça, vous n'avez plus d'espace pour patiner. Vous vous accrochez, puis vous tombez.

– Là-dessus, je suis ben d'accord. Pas facile de se tenir

debout quand tout l'monde est à terre !

J'aime les discussions qui se terminent par un accord.

XXXXXX

Le samedi suivant, un froid glacial avait fait chuter la température à 45 degrés Celsius au-dessous de zéro. Le vent soufflait franc nord. En arrivant dans la cour d'école, je vis Rioux en grande discussion avec quelques joueurs de l'équipe. Le débat semblait animé. Je me joignis au groupe.

– L'instructeur a démissionné, dit Rioux. Y'manque ben des joueurs, on n'a même pas de gardien de but.

– La poule s'est finalement envolée, dis-je en riant. Ça ne me surprend pas.

– Qu'est-ce que tu veux dire ? demanda Rioux, l'air intrigué.

– Depuis le début, l'instructeur me fait penser à une poule.

Étant le seul à me trouver drôle, je me tus. La situation ne prêtait guère à rire, un réaménagement complet de l'alignement s'imposait. Chacun choisit sa position. Le poste de gardien de but posa problème, personne ne voulait de ce job.

La difficulté semblait insurmontable, la tension montait. J'aurais dû rester calme et, comme mes camarades, avouer mon impuissance à trouver une solution. Mais, je ne sais pas d'où je tiens ça, j'ai une âme de sauveur. Lorsque le groupe auquel j'appartiens éprouve une difficulté, je me sens obligé d'intervenir pour sauver la situation. C'est ma nature, je suis comme ça.

Je pris la parole et révélai que j'avais déjà gardé les

buts et que je m'en étais très bien tiré, même que j'avais arrêté Michel Ducharme sur une échappée. « Puis, je n'ai pas peur de la rondelle », affirmai-je en terminant.

Personne ne connaissait Michel Ducharme, mais mes propos durent être convaincants, car j'héritai du poste sur-le-champ. « Vite, va te changer », dit Rioux, qui devait sans doute penser que je serais moins nuisible comme gardien de but qu'à toutes autres positions.

L'équipement de gardien, pas évident ! Les jambières larges forçaient l'écartement des jambes. Les gants munis de protecteurs rigides augmentaient la difficulté à tenir le bâton, et celui-ci, qui tenait davantage d'un gourdin, s'avérait beaucoup plus lourd qu'un bâton ordinaire. Le grillage du masque protecteur obstruait la vue et donnait l'impression d'être en prison. Enfin prêt ! La difficulté principale que j'entrevoyais avec mes nouveaux habits était qu'en cas de chutes, je perdrais tout mon attirail, et cela prendrait plus de temps à me remettre sur pied. À part cette réserve, aucun nuage à l'horizon.

— Il était temps ! dit Rioux, à mon arrivée sur la patinoire.

— Ne vous inquiétez pas, tout va bien aller.

Je n'eus pas à patiner jusqu'au but. Mes coéquipiers se chargèrent de l'opération en me poussant comme un traîneau lourdement chargé.

— T'es sûr que t'es correct ? demanda Rioux, une fois que je fus bien agrippé à l'un des poteaux du but.

— Ben oui ! Fais-toi s'en pas, j'ai pas peur d'la rondelle.

— On n'aura pas l'temps d'te réchauffer, la partie va commencer dans pas grand temps.

— Pas de problème.

Rioux se dirigea au centre de la patinoire pour effectuer la mise au jeu. Agrippé fermement au poteau, je sentis une vague de confiance m'envahir. Pourquoi ne pas faire comme les vrais qui, avant la rencontre, font le tour du filet à de multiples reprises ? Voici Jacques Plante parti à bâbord ! Incapable d'effectuer un quelconque virage, je me retrouvai sur le dos dans le coin de la patinoire, les pièces d'équipement aux quatre coins de l'univers. Luc Chevrier, l'arbitre de la rencontre, vint à ma rescousse. Il remit l'équipement en place et me raccompagna jusqu'au but.

– Surtout, ne bouge plus d'ici, dit-il. La partie va commencer.

– Suis prêt, moi, dis-je, bien décidé à ne plus lâcher mon poteau.

La partie débuta. La rondelle se déplaça en zone adverse. Une mêlée se forma et les dix joueurs se retrouvèrent dans le même paquet, comme si aucun d'eux n'avait déjà entendu parler du jeu de positions. Ancré à mon poteau, je criai à tue-tête pour encourager mes coéquipiers, tout en me tenant prêt à exécuter un arrêt spectaculaire. L'une des caractéristiques d'un bon gardien de but, disent les experts, est d'anticiper le jeu. Ce que je fis. Un adversaire allait se présenter seul devant moi. Il essaierait de me déjouer, mais je ne mordrais pas à sa feinte et effectuerais l'arrêt. Tous mes coéquipiers viendraient me féliciter, bénissant le ciel que j'avais accepté de garder les buts. Tout était bien planifié dans ma tête.

J'avais vu juste. Un des adversaires se détacha du groupe et amorça une descente en ma direction. Je me préparai à ignorer sa feinte et à faire mon arrêt spectaculaire. Mais voilà que le joueur, contre toute attente, effectua un lancer sans sortir de sa zone. Tir des plus insignifiants ! La rondelle ne quitta pas la glace et heurta une aspérité qui la fit pivoter sur le côté. La voici qui roule lentement. Se rendrait-elle jusqu'à moi ? Probablement pas. Sans lâcher mon poteau, j'étirai tout de même le bras pour faire l'arrêt avec le bâton au cas où. Doucement, la rondelle donna contre le bout du bâton et s'immobilisa, tout juste après avoir franchi la ligne rouge. 1 à 0. Rioux fulminait.

— T'aurais dû l'dire que t'étais pas meilleur que ça, lança-t-il.

— C'est d'votre faute, vous n'auriez pas dû le laisser s'échapper.

— Y's'est pas échappé, y'a lancé de sa zone.

— Y'était tout seul quand même.

Une vive discussion suivie au cours de laquelle je dus essuyer de nombreuses insultes de la part de plusieurs. Je me défendis en disant qu'ils ne gardaient pas leur position et se précipitaient tous sur la rondelle en même temps. L'arbitre dut intervenir pour calmer les esprits. Je terminai le débat en me faisant rassurant.

— Vous avez juste à marquer un but, les gars, pis le pointage va être égal. La partie n'est pas perdue. Moi, ici, je vais tout arrêter, je vous le promets.

— Ouais ! Ouais !

Le jeu reprit. Je décidai de ne pas tenir compte de la recommandation des experts concernant l'anticipation du jeu. Trop risqué. Le concept s'avère prometteur, certes, mais encore faut-il anticiper le bon jeu, pensai-je. Vaut mieux me concentrer sur ce qui se déroule réellement devant moi.

Le vent du Nord, qui me frappait de face, commençait

à me geler le visage. Le grillage du masque protecteur se couvrait de givre. Sous le menton, la bande métallique qui le retenait touchait directement la peau, faisant l'effet d'une brûlure. Sous le masque, j'avais mis ma casquette devant derrière, pour que la visière n'obstrue pas la fermeture du grillage. En portant la casquette ainsi, je ne pouvais plus utiliser le rabat intérieur qui protège les oreilles. Celles-ci touchaient directement à l'armature de métal.

La première période se termina 3 à 0. Les équipes changèrent de côté de patinoire. Enfin, je n'avais plus le vent en pleine figure ! Je pourrai me concentrer davantage sur le jeu, pensai-je.

La deuxième période terminée, nous perdions 5 à 0. Le moral des joueurs de l'équipe était au plus bas. Plus personne ne me parlait. Nous changeâmes de côté de patinoire à nouveau.

Au cours de la troisième période, je réalisai de beaux arrêts. Je réussis même à stopper un tir à la hauteur de la ceinture avec la mitaine. Exploit remarquable. Je me félicitai moi-même, car personne ne le fit.

La partie se termina 5 à 0. J'étais content, j'avais blanchi l'adversaire au cours d'une période complète. Lorsque l'arbitre annonça la fin de la rencontre, les joueurs de l'équipe adverse se regroupèrent pour se féliciter, tandis que ceux de notre équipe se précipitèrent à l'intérieur pour se changer. Je restai seul de mon clan. L'arbitre vient me voir. « Les deux premières périodes, dit-il, t'étais ben poche, mais à la troisième, t'as fait de beaux arrêts. » Enfin un connaisseur ! Je le remerciai. Il était gentil, Luc. Ses paroles me réconfortèrent.

Lorsque je m'assis à côté de Rioux dans le vestiaire, je

me sentais d'attaque.

– T'es pas un bon gardien de but, dit-il, lançant les hostilités.

– Pis, vous autres, vous n'êtes pas mieux à l'attaque. Vous n'avez même pas compté un point de toute la partie, répliquai-je.

– C'est dur de marquer quand on n'se sent pas appuyé par un bon gardien.

– C'est dur de bien garder les buts quand on n'se sent pas appuyé par une bonne attaque.

Cette discussion serrée se poursuivit encore quelques minutes. Finalement, Rioux, se disant trop bon pour jouer Mosquito, ajouta qu'il allait demander au frère Laporte de joindre le rang Pee-Wee. « J'ai besoin de plus de glace », conclut-il, avant de quitter les lieux.

J'allai ranger l'équipement dans le magasin. En revenant, je sentis un léger picotement à l'oreille. Distraitement, je grattai... Ah non ! J'avais les oreilles gelées. Je saisis mon manteau et courus à la maison.

En rentrant, je croisai François qui s'enquit du résultat de la partie. Je lui répondis que nous avions perdu 5 à 0 et m'enfermai immédiatement dans la chambre. Couché sur le lit, la tête dans les oreillers, je pleurais comme un veau. Silencieusement. Des oreilles qui dégèlent, quel supplice ! Je ne voulais surtout pas que maman apprenne ce qui se passait.

Je ne réussis pas à garder mon secret très longtemps. Bientôt, François entra dans la chambre et comprit tout de suite la situation, sans que j'aie à dire un seul mot. Maman fut immédiatement informée de mon état.

Le sujet se voulait des plus délicats. J'ai toujours eu

des maux d'oreilles chroniques qui me tenaient éveillé des nuits entières. Il s'agissait d'une douleur intense ressentie profondément à l'intérieur de la tête. Et aucun remède ne s'avérait véritablement efficace. Seul traitement qui me soulageait quelque peu, des compresses chaudes. Céline et Louise, mes deux petites sœurs, faisaient chauffer des linges en les pressant contre le réservoir d'eau du poêle à bois, le *boiler*, et me les apportaient en courant avant qu'elles ne refroidissent. Je plaçais les compresses contre les oreilles en appuyant fortement. La chaleur pénétrante procurait un certain soulagement. Mes sœurs devaient cependant faire la navette entre le poêle et mon lit à plusieurs reprises. Je finissais par me brûler le pavillon de l'oreille avec les compresses chaudes. Mais ça fonctionnait.

« Tu joueras pu au hockey si t'es pas capable de t'habiller comme y'faut », lança maman, hors d'elle. Je me contentai de pleurer en silence.

« Tu te rends malade avec tes maudites folies. Pis, tu vas avoir l'air fin, les oreilles plus grosses que la tête. Qu'est-ce que le monde va penser de toi ? » Difficile de voir attaquer ainsi son image publique ! Je me tortillai dans le lit. Un commentaire de François m'acheva. « Compte-toi chanceux que les oreilles ne te tombent pas. »

Pendant deux semaines, j'eus effectivement une peur bleue que mes oreilles ne tombent.

Chapitre 5
Les séries éliminatoires
C'est dans les moments importants, lorsque la tension est poussée au maximum, que les grands joueurs s'illustrent.

La saison régulière terminée, l'équipe alignait plusieurs nouveaux joueurs. Je faisais partie des rares de la première mouture. Rioux jouait maintenant avec les Pee-Wees et semblait plus heureux. Nous aussi. Régnait une atmosphère nettement plus détendue. Parmi les recrues, Couturier, Simoneau et le grand Leduc. Je m'entendais bien avec eux.

Une série de victoires suivirent les défaites du début de saison. Au classement final, les équipes présentaient une fiche semblable, autant de victoires que de défaites. Aucune formation ne s'avérait ni meilleure ni pire que les autres.

Le jeu d'ensemble n'avait pas tellement évolué. On avait beau nous rappeler de garder nos positions et de ne pas nous entasser, consigne qu'on se répétait également entre nous, dès que la rondelle se déplaçait en zone adverse, tous s'y précipitaient dans l'espoir de marquer un point. Au diable le jeu de positions !

Seul à m'en accommoder, le poste de défenseur n'avait toujours pas la cote. Mon coup de patin, toujours aussi déficient, m'obligeait à limiter mes déplacements. Conséquence, je gardais ma position. Non par choix, mais par incapacité à faire mieux.

Ma fiche de pointage vierge témoignait de l'absence de talent, ne serait-ce que l'embryon. Malgré ces résultats décevants, l'ardent désir de vaincre m'habitait toujours.

Nous abordâmes les séries éliminatoires gonflées à bloc. Chez les Mosquitos, quatre équipes se disputaient les honneurs. Deux rondes allaient décider du vainqueur, la demi-finale et la finale. Pour gagner une ronde, une équipe devait accumuler deux victoires. Nous gagnâmes la première en deux parties. Surpris de vaincre si rapidement, nous acceptâmes la victoire humblement.

– La rondelle roulait pour vous autres, dit un adversaire qui venait de subir l'élimination.

– On vous a battus parce qu'on est les meilleurs, se fit-il répondre.

Lorsque le frère Laporte entendait de tels propos, il remettait le fanfaron à sa place. « Toé, t'es pas équipé pour donner des leçons aux autres. Tout le monde a bien joué. » Tous riaient de celui qui s'était fait apostropher. Personne ne sortait véritablement meurtri par ces propos. La plupart du temps, ces échanges servaient de prélude aux combats de balles de neige qui agrémentaient le retour à la maison.

En finale, les deux équipes échangèrent d'abord des victoires. Ne restait que le dernier match à disputer pour connaître le vainqueur. Mais voilà que le printemps hâtif vint jouer les trouble-fête. Seule possibilité, disputer une rencontre en semaine, après l'école. Tout à fait inhabituel.

Cette joute faillit me rendre complètement fou. Toute la journée, pendant la classe et aux récréations, nous ne cessâmes de discuter stratégies. Lorsque la partie débuta, je tentai résolument d'appliquer le plan convenu.

– Aye! Qu'est-ce que tu fais? T'étais supposé surveiller Marcotte, dis-je à un coéquipier dans le feu de l'action.

– J'l'sais ben, mais y patine trop vite. J'ai décidé de surveiller Labrecque à la place.

– C'est moi qui surveille Labrecque

– Ben, prends-en un autre d'abord.

Et voilà des heures de planification ardue qui s'envolaient. Le manque de rigueur de mes coéquipiers me décevait énormément. J'attachais beaucoup d'importance au respect du plan de match.

L'arbitrage me déçut également. Dans la catégorie Mosquito, les parties n'étaient pas chronométrées. L'arbitre effectuait la mise au jeu et vlan! Une période durait quinze minutes en continu. Aucun arrêt possible. Étant donné l'importance de la dernière partie, je désirais faire les choses en grand. À quelques reprises, je voulus demander des explications à l'arbitre, un air bête peu sympathique que je ne connaissais pas, concernant certaines de ses décisions que j'estimais discutables.

– Tu fais perdre du temps de jeu, rouspéta-t-il.

– Arrête-le, le temps, j'ai des questions à poser, moi.

– Le temps, ça s'arrête pas.

– On l'arrête ben à la tévé.

– On n'est pas à tévé icitte.

Même les joueurs de mon équipe me disaient de me taire et de reprendre le jeu. Je me sentais pressé, bousculé.

Combien de fois ai-je répété qu'il fallait prendre le temps de bien faire les choses ? Mais personne ne m'écoutait.

J'ai toujours eu horreur des gens sans envergure. Bien sûr que je comprenais que l'on ne pouvait faire les choses exactement comme à la télévision. Par exemple, un spectateur récupérant une rondelle lancée accidentellement à l'extérieur de la patinoire se devait de la remettre. Un va de soi. L'école n'avait pas les moyens d'acheter des centaines de rondelles. Le frère Laporte dut d'ailleurs intervenir plusieurs fois auprès de certains qui s'éclipsaient avec la rondelle, laissant les deux équipes en plan sur la patinoire. Des joueurs, patins aux pieds, poursuivirent même un voleur de rondelles jusqu'à son domicile.

Sans tomber dans l'excès, se comporter quelque peu comme les grands ne relevait pas de l'impossible. Lorsqu'un joueur brisait son bâton au jeu, il fallait, lorsqu'il revenait précipitamment au banc, que les joueurs en attente lui tendent le leur. Combien de fois ai-je vu un joueur s'en prendre à ses coéquipiers sur le banc qui refusaient de le dépanner alors que la joute se poursuivait ?

— Ça fait deux bâtons qu'tu casses cette année, si tu penses que je vais te passer le mien, disait l'un.

— Si tu casses mon bâton, vas-tu m'en payer un neuf ? demandait l'autre qui tenait entre ses mains un vieux gourdin retapé avec des morceaux de contreplaqué.

Dépité, le joueur quittait la patinoire, non sans avoir béni tous les saints du ciel.

— Je ne joue plus avec vous autres d'abord, maugréa le sans-bâton avant de se retirer au vestiaire.

Et vlan pour l'esprit d'équipe.

Fin de troisième période, nous perdions 2 à 1. Ne

restait plus que quelques minutes de jeu, l'arbitre consultait son chronomètre à tout moment. Le long coup de sifflet indiquant la fin de la partie allait bientôt se faire entendre. Au centre de la patinoire, je m'agitais en me disant qu'il fallait faire quelque chose. Maurice Richard n'acceptait pas la défaite. Comment réagir à l'échec annoncé? Je hurlai. Rien ne se passa. Je hurlai à nouveau. La rondelle glissa en zone adverse. Les joueurs s'y précipitèrent, je les suivis, avec un léger retard. Chacun y allait de ses derniers efforts. La mêlée éclata devant le filet. En voulant rejoindre le groupe, je trébuchai, puis me relevai en posant un genou sur la glace de façon à conserver un peu d'aplomb. La rondelle surgit de nulle part. Je l'attrapai et, fort de ma position stable, réussis à décocher un tir convenable. Je marquai le premier point de ma jeune carrière!

Mes coéquipiers lancèrent de grands cris de joie et se précipitèrent sur moi. Étalé sur le dos, je criais à tout rompre. Les joueurs me sautèrent dessus et me félicitèrent en me passant le gant dans la figure. Pas très agréable, la sensation du cuir gelé sur le visage, mais je me sacrifiai de bonne grâce à l'enthousiasme de mes camarades. Fallait poursuivre. J'avais forcé la tenue d'une période supplémentaire.

Ayant cru son travail terminé, l'arbitre ne cacha pas son mécontentement. Tout au long de nos effusions de joie, il rappela l'équipe à l'ordre, menaçant même de remettre la rondelle au jeu alors que notre moment d'euphorie se prolongeait. Il hurlait de rage. Content de le voir fâché, je souriais béatement. Il ne m'aimait pas et je le lui rendais bien.

Il fallut jouer encore quelques minutes avant de

connaître l'équipe gagnante. L'arbitre devenait de plus en plus impatient. Finalement, Simoneau marqua le but gagnant, nous couronnant champions. Les petits morveux s'empilèrent les uns sur les autres et se frottèrent le museau à nouveau. Quelle griserie d'être les meilleurs ! Nous nous éternisâmes sur la patinoire à nous complimenter. Au vestiaire, tout en changeant de tenue, chacun raconta au moins à cinquante reprises les bons coups qu'il avait faits.

Les festivités se poursuivirent au restaurant Pelletier, à proximité de l'école. Ce casse-croute, également fournisseur de gommes ballounes, boules noires, réglisses et autres saloperies qui font que les enfants aiment la vie, servait frites, hot-dogs, hamburgers que nous mangions attablés devant une grande fenêtre qui donnait sur la Rue Principale.

À cette époque, papa me donnait un dollar par semaine pour les travaux que j'effectuais à la maison. Par chance, j'avais été payé juste avant la partie. Je pouvais donc festoyer à souhait. Et je décidai de dépenser tout mon argent. Je concoctai un menu fort équilibré. En entrée, gâteau Jos Louis arrosé d'un Coke. Comme plat de résistance, hot-dog accompagné de frites. Enfin, comme dessert, gâteaux au caramel, crème glacée et Pepsi. Quand on gagne la coupe Stanley, ça se fête en grand !

Le festin débuta par la cinquante et unième répétition des bons coups de chacun. Les phrases clichées, celles que tous comprennent et qui expriment clairement ce que l'on veut dire, fusaient de plus belle.

– On a donné 150 % de nous-mêmes.

– On a bien joué des deux bords de la glace.

– On a travaillé fort dans les coins.

– On n'a jamais lâché.

Puis nous abordâmes un sujet qui nous absorba complètement pendant quelques minutes. Quel but avait été le plus important? Celui de Simoneau qui nous avait permis de gagner la partie ou le mien, qui égalisait le pointage et nous permettait de disputer la période supplémentaire. Question délicate s'il est une. Après avoir tourné et retourné la question en tous sens, nous décidâmes que les deux buts s'avéraient aussi importants l'un que l'autre.

Lorsque les sujets de hockey épuisés, nous terminâmes cette journée mémorable en nous payant la tête des passants. Toutes les personnes circulant sur la Rue Principale faisaient l'objet de moqueries.

Chapitre 6
Les rencontres internationales
On a beau dire le contraire, ces rencontres revêtent toujours un caractère politique.

À ma seconde saison, l'âge oblige, je joignis le groupe Pee-Wee. Quel beau mot à consonance joyeuse, dynamique ! J'abordai le futur dans cet esprit positif, fier de quitter le rang des bébés, les Mosquitos, et de gravir un échelon dans le monde du hockey. Seul problème, je patinais toujours sur la bottine. Mais ce handicap ne minait pas ma confiance, loin de là.

La catégorie Pee-Wee revêtait beaucoup d'importance pour un jeune hockeyeur abitibien. Le tournoi international de hockey Pee-Wee qui se déroulait annuellement au Colisée de Québec pendant le carnaval d'hiver avait acquis une grande réputation. On y accueillait des équipes de toutes les provinces du Canada, des États-Unis et d'Europe. Au cours des années, Amos y délégua plusieurs équipes, dont quelques-unes obtinrent un certain succès. Sans l'avouer ouvertement, je caressais secrètement l'idée saugrenue de faire partie de l'équipe qui irait à Québec. Quel rêve fou !

La participation d'une équipe locale à ce tournoi suscitait une véritable frénésie dans toute la ville. Tant que l'équipe demeurait sur les rangs, les gens suivaient son parcours avec intérêt, partageant espoirs et inquiétudes. L'excitation s'emparait de la population dès le départ des joueurs pour Québec, ville située à environ huit cents kilomètres d'Amos. Des dizaines de supporteurs accompagnaient l'équipe.

Nous connaissions l'horaire des parties à l'avance. À l'approche de l'heure fatidique, toute la ville s'agitait. Pendant les rencontres, entre les périodes, les supporteurs qui accompagnaient l'équipe téléphonaient à Amos pour communiquer les résultats. Une défaite, quelle horreur ! On avait joué de malchance, se faisant battre par une équipe moins bonne, mais chanceuse ou, encore, l'adversaire, provenant d'une municipalité disposant d'un vaste bassin de population pour recruter ses joueurs, constituait une puissance invincible. On oubliait le tout jusqu'à l'année suivante. Cependant, quand l'équipe gagnait, le suspense reprenait de plus belle. Quel était le prochain adversaire ? Sa fiche ? Quelles équipes avaient-elles battues dans les rondes préliminaires ? Les discussions n'avaient plus de fin.

Pendant ce temps, à l'école, les absents faisaient des jaloux. Certaines années, les joueurs ont manqué jusqu'à deux semaines de classe. Aux récréations, à force de se répéter les mêmes comptes-rendus qui nous arrivaient par personnes interposées, on finissait par inventer différentes versions d'un même événement.

– Monsieur un tel a appelé, puis il a dit que…

– Ben ! C'est pas de même que ça s'est passé. Moi, j'ai entendu dire que…

Des compagnons de classe, qui n'avaient jamais fait parler d'eux, devenaient des héros du jour au lendemain. Cela m'étonnait, car il ne s'agissait pas toujours d'individus particulièrement brillants, certains se faisant même dénigrer et qualifier de purs crétins à longueur d'année. Mais pour le hockey, on pardonnait tout, particulièrement si l'individu réalisait de bonnes performances. Les gens font preuve de tolérance envers une idole, un héros. Ça donne de l'éclat au quotidien.

Au retour, les joueurs conservaient leur statut de vedettes pendant quelques jours, particulièrement si l'équipe avait obtenu de bons résultats. Ils décrivaient le déroulement du tournoi ; le Colisée de Québec, grand à perte de vue, chauffé et équipé de bancs peints de toutes sortes de couleurs ; le défilé du Carnaval se poursuivant toute la nuit ; les sculptures sur glace, les feux d'artifice et même, leur rencontre avec les duchesses et le Bonhomme Carnaval. Éblouis par tant de merveilles, nous écoutions ces récits féeriques, les yeux tout écarquillés, nous projetant sur place. En général, le charme durait une semaine environ, jamais plus de deux. Puis les vedettes perdaient leur prestige. Les abrutis redevenaient des abrutis. Et l'on ne se gênait plus pour le penser librement et l'exprimer ouvertement.

Plusieurs institutrices n'aimaient pas du tout ce genre d'événement qui prenait une importance démesurée, reléguant les études au second plan. Elles écopaient de l'odieux de la tâche, car elles devaient donner des leçons supplémentaires aux joueurs qui avaient participé au tournoi. Quelques-unes refusaient carrément d'effectuer cette tâche additionnelle et ne se gênaient pas pour dire leur façon de penser. « T'as pas assez de bonnes notes pour manquer l'école. Va falloir que t'étudies à la maison, le soir. Dans ta famille, y'a sûrement quelqu'un qui va pouvoir t'aider. En tout cas, on ne retardera pas la classe à cause de monsieur qui joue au hockey. »

Suivait l'attribution d'une foule de leçons et de devoirs qui indiquait bien de quel bois se chauffait l'institutrice. Après quelques jours, l'institutrice se calmait et tout rentrait dans l'ordre. Il n'en demeure pas moins que les relations entre les organisateurs de hockey et les institutrices s'avéraient souvent très tendues. Mais les tenants de notre sport national finissaient toujours par obtenir ce qu'ils désiraient, malgré les protestations de ceux et celles qui avaient la tâche de développer les petits cerveaux.

À l'aube de la nouvelle saison, je nourrissais donc les espoirs les plus fous ; ma carrière allait peut-être prendre un tournant important, inattendu. Fin prêt à accomplir de grandes prouesses, il n'appartenait plus qu'au destin de me toucher de sa baguette magique.

XXXXXX

La saison commença du bon pied. La municipalité d'Amos comprenait deux paroisses : Sainte-Thérèse, dont nous faisions partie, et celle du Christ-Roi. Dans ma tête d'enfant, la paroisse du Christ-Roi se trouvait en région éloignée. En réalité, il suffisait de traverser le pont qui surplombe la rivière Harricana, au milieu de la ville, pour changer de paroisse.

Lorsque le frère Laporte entra dans le vestiaire un beau

samedi matin pour nous annoncer que nous allions disputer une partie contre une équipe Pee-Wee de la paroisse du Christ-Roi, je m'imaginai que nous partions en voyage pour quelques jours. Un match à l'étranger, comme disent les commentateurs sportifs. Je pensai transport, valises, séjour à l'hôtel, rien de moins, comme les professionnels. Puis le Frère nous dit de revêtir nos uniformes, que l'équipe adverse nous attendait. Je restai sidéré. Ça ne pouvait être aussi simple que cela. Je tentai de soulever des problèmes quelconques, mais rien n'y fit. Tout était bel et bien arrangé. « Vous êtes là-bas, sur la glace, dans dix minutes, lança le Frère. Vite ! Dépêchez-vous. »

Fous de joie, les joueurs s'empressèrent de suivre les directives. Moi, je demeurai plutôt songeur, parvenant mal à chasser une certaine crainte. Entrer dans le monde du hockey organisé à cette vitesse, plutôt étourdissant. On nous trouve des équipes, on nous transporte, quelle organisation ! Mais comment peut-on aller disputer une partie au Christ-Roi et revenir dans la même journée ?

– Est-ce qu'on doit prévenir nos parents qu'on part en voyage ? demandai-je au Frère de retour dans le vestiaire pour rétablir le calme.

– C'est pas nécessaire, on va juste partir une heure. Si quelqu'un te cherche, tout le monde sait où nous sommes, répliqua-t-il pour me rassurer.

Si le Frère dit qu'il n'y a pas de problème, il a sûrement raison, me dis-je enfin. Je me changeai à toute vitesse.

Entassés les uns contre les autres, nous parcourûmes le trajet sur une longue plateforme tractée par un camion qui roula lentement. Par une petite fenêtre à l'arrière de la cabine, le conducteur nous surveillait, s'assurant qu'aucun joueur ne chute. Question sécurité, on a vu mieux. Nous empruntâmes les rues les plus fréquentées de la ville, la Rue Principale et la Première Avenue. Quelque peu timide, je n'aimais pas m'afficher de la sorte. Je restais silencieux, discret, en essayant d'éviter le regard des gens qui, inévitablement, se retournaient sur notre passage. Tous n'affichaient pas la même attitude constipée. À mes côtés, une espèce de bouffon, dont j'ai oublié le nom, parlait fort et ne cessait de faire des pitreries. Quel contraste ! Moi, gêné, essayant de m'effacer, lui, très à l'aise, criant à tue-tête. Il adressait la parole à tous les gens que l'on croisait. « On s'en va jouer au Christ-Roi, on va les battre. On est ben meilleur qu'eux autres, on va leur sacrer une maudite volée. Hip hip hip ! Hourra ! Hip hip hip ! Hourra ! »

Peu de joueurs répondaient à son cri de ralliement. Quant à moi, plus il criait, plus je me sentais mal à l'aise. Comment pouvait-on se comporter ainsi sur la Rue Principale ? Impensable ! Nous arrivâmes enfin à destination. Quel soulagement de ne plus avoir à supporter les frasques de mon coéquipier !

La partie commença peu après notre arrivée et, sans surprise, on m'octroya le poste de défenseur. Lors d'une mise au jeu en zone adverse, la rondelle vint dans ma direction. Belle occasion de catapulter un boulet de canon vers le but adverse ! Je saisis le disque et m'élançai de toutes mes forces, ignorant le coup de sifflet de l'arbitre. Quelle frustration ! La rondelle demeura pratiquement au même endroit. *« Offside! »* cria l'officiel en me regardant d'un air méchant.

Comment ne pas être déçu ? Je jouais à la défensive et

ne parvenais pas à effectuer un tir jusqu'au but. Pas très flatteur ! Les coéquipiers s'approchèrent et, à tour de rôle, me dirent de faire attention aux *Offside*. Je leur répondis que j'allais y porter une attention particulière.

Un peu plus tard, jeu semblable. Je captai la rondelle. L'arbitre siffla. « *Offside* ! » Rien à faire, impossible d'arrêter mon élan. Misère ! À nouveau, la rondelle ne se rendit pas au but. Les coéquipiers vinrent me redire de faire attention aux *Offside*. D'un ton rassurant, je leur dis de ne pas s'inquiéter, que j'allais bientôt exercer un certain contrôle sur mon lancer et qu'ils devaient se tenir prêts à prendre le retour, au cas où je ne déjouerais pas le gardien du premier coup.

Avant la fin de la rencontre, j'eus l'occasion d'effectuer un tir au but à nouveau. Cette fois-ci, attention ! La rage au cœur, aveuglé par le désir de tout casser, je m'élançai. L'arbitre siffla. « *Offside* ! »

Il commençait à m'énerver celui-là. J'effectuai tout de même mon tir. Yes! La rondelle se rendit jusqu'au but. Rien de foudroyant, mais… quand même. Mes coéquipiers n'affichaient pas la même satisfaction et m'accusaient de provoquer des *Offside*. Pour en avoir le cœur net, je me dirigeai vers l'arbitre, bien décidé à l'engueuler s'il ne me donnait pas une explication satisfaisante. De toute évidence, le gars provenait du Christ-Roi et avait un penchant pour l'équipe de sa paroisse. Plus difficiles les parties disputées à l'étranger, car on joue en territoire ennemi !

– Pourquoi tu siffles toujours quand je touche à la rondelle ? demandai-je à l'arbitre sur un ton féroce.

– C'est pas de ma faute si t'es toujours *Offside*.

– *Offside! Offside!* Facile à dire. Comment ça que c'est toujours notre équipe qui est *Offside*? demandai-je, lui laissant clairement voir que je le soupçonnais de prendre parti contre nous.

– Tu devrais apprendre les règlements au lieu de t'obstiner.

Alors que je m'apprêtais à le traiter de vendu, le frère Laporte m'appela au banc des joueurs. L'arbitre s'en tirait de justesse. Mais il ne perd rien pour attendre, pensai-je en me retirant dans mes quartiers.

– Qu'est-ce qu'y a? demandai-je au Frère. Je ne lui ai pas dit tout ce que je pense à cet arbitre-là.

– T'en as assez dit pour le moment. Assieds-toi deux minutes, je vais t'expliquer quelque chose.

Le Frère m'expliqua alors le règlement de la ligne bleue. Lorsque notre équipe se trouvait en zone adverse, la rondelle ne devait pas revenir en zone neutre. Si cela se produisait, tous les joueurs de l'équipe devaient revenir en zone neutre avant de pouvoir lancer la rondelle à nouveau dans la zone adverse. En laissant sortir la rondelle de la zone, je provoquais des hors-jeu, appelés communément *Offside*. L'arbitre avait raison de siffler. Un tel règlement, toute une première pour moi ! Chez les Mosquitos, l'arbitre laissait le jeu se dérouler sans appliquer ces règles.

– C'est nouveau? demandai-je.

– Ben non, ça a toujours existé.

– J'en ai jamais entendu parler.

Plus tard dans la partie, j'eus à intervenir pour ne pas laisser la rondelle sortir de la zone adverse. Lorsque le jeu arrêta, j'allai tout de suite voir l'arbitre.

– Je l'ai eu cette fois-là, hein? J'ai pas fait d'*Offside*, dis-je bravement.

– T'as bien fait ça, continues, dit-il pour m'encourager.

En me rendant au banc des joueurs, je faisais l'éloge de mon exploit.

– Hé ! J'ai pas fait d'*Offside*. Avez-vous vu ?

– C'est bien, dit le frère Laporte. Assieds-toi tranquille maintenant.

Ça m'a toujours excité d'apprendre quelque chose, même lorsqu'il s'agissait d'une notion très ordinaire.

Nous gagnâmes la partie 3 à 2. Le retour en camion s'avéra des plus joyeux, rien à voir avec l'aller. Ma gêne disparue, je n'avais plus aucune retenue. Mon coéquipier bouffon avait des partenaires qui l'accompagnaient dans ses plaisanteries. En chœur, nous chantions. « On a gagné nos épaulettes, maluron, malurette. On a gagné nos épaulettes, maluron, maluré. Hip hip hip ! Hourra ! Hip hip hip ! Hourra ! »

Tous les joueurs répondaient aux cris de ralliement. Chaque fois que l'on croisait un passant, le bouffon répétait la même salade. « On est allé jouer au Christ-Roi, pis on les a *crémés* comme il faut. »

J'entendais cette expression pour la première fois, crémer une équipe, anglicisme signifiant battre à plate couture, et je la trouvais très drôle. Elle me faisait penser aux films de Laurel et Hardi où l'on se lançait des tartes à la crème au visage.

XXXXXX

Chaque année, à l'école Saint-Viateur, se tenait le carnaval d'hiver. Pendant une semaine, les élèves pratiquaient des activités sportives et récréatives. La préparation de l'événement débutait bien avant. Cette année-là, les étudiants de onzième année, les finissants, avaient décidé de construire une forteresse de glace autour de la grande patinoire, là où l'on disputerait un tournoi de hockey, catégorie Midget. Le projet, ambitieux, exigea plusieurs semaines de durs labeurs, mais se réalisa dans les délais prévus. Le carnaval connut un vif succès.

Le clou de l'événement, la finale du tournoi, eut lieu le dimanche après-midi, jour de clôture. Mon frère François faisait partie de l'une de ces équipes, qui comptait également dans ses rangs les deux vedettes de l'heure, Jean-Pierre Bordeleau et Ti-Loup Morin. Ils décrochèrent effectivement les honneurs du tournoi.

Notre équipe participa aux activités en disputant une partie d'exhibition le dimanche matin, sous les regards attentifs d'une cinquantaine de spectateurs. Pour nous, cela représentait une foule considérable, car, généralement, très peu de spectateurs assistaient à nos rencontres. Les joueurs montraient des signes de nervosité. Moi, je voulais faire de mon mieux.

Comme d'habitude, j'occupai le poste de défenseur. Alors que la partie suivait son cours et que je me concentrais pour ne pas provoquer de hors-jeu, une idée saugrenue surgit dans mon esprit. Mais, attention, toute une idée ! J'aurais dû m'en méfier.

Tout avait commencé quelques instants avant que la partie débute, alors que je tentais de trouver une explication à mes piètres performances au hockey. Dans les autres sports, je démontrais beaucoup plus d'aptitudes. Habile, talentueux, je me classais toujours parmi les premiers. Mais au hockey, rien ne fonctionnait. Pourquoi? J'avais tout pour réussir. Passionné, je comprenais la finesse du jeu. Cependant, les parties se succédaient sans que je trouve la façon de patiner convenablement. Une partie comme celle d'aujourd'hui pourrait avoir l'effet d'un déclencheur, me dis-je.

L'éclair de génie qui me frappa se présentait ainsi : la réduction du nombre de pièces d'équipement faciliterait le jeu. Surtout les jambières. On patinerait aisément sans celles-ci. Les jambières font de grosses jambes, obligeant le joueur à écarter les genoux, ce qui complique inutilement les mouvements.

Quelle découverte! Personne n'avait songé à régler ce problème auparavant. J'allais sûrement révolutionner le monde du hockey. Je devais faire la démonstration de ma nouvelle théorie.

La première période terminée, je me dirigeai vers un coin de la patinoire. Je sautai de l'autre côté de la bande et retirai mes jambières que je cachai soigneusement dans la neige. Juste avant que le jeu reprenne, je retournai au banc des joueurs. Quel spectacle! Je m'en souviendrai toujours. Sans jambières, les élastiques autour des bas devenaient trop grands. Je traversai la patinoire en tentant de retenir tant bien que mal les bas qui tombaient sur les patins, laissant voir mon sous-vêtement, une combinaison rose. Lorsque je parvins au banc des joueurs, le frère Laporte m'attendait de pied ferme, les mains sur les hanches. Il ne semblait pas particulièrement content. Moi, je faisais semblant de rien.

– Qu'est-ce qui est arrivé à tes *pads*? lança-t-il.

– Je les ai enlevées.

– Va les remettre tout de suite.

– Ça m'empêche de patiner ces *pads*-là.

– Je t'ai dit d'aller les remettre.

– Mais…

– Y'a pas de mais.

Pas tellement le choix, je devais me soumettre à l'autorité. Cependant, je trouvais la situation profondément injuste. J'avais trouvé un moyen d'améliorer mon jeu et l'on ne voulait pas en tenir compte. Au centre de la patinoire, je passai près de l'arbitre qui attendait que je quitte les lieux pour effectuer la mise au jeu.

– Qu'est-ce que tu fais en combine sur la patinoire ? demanda-t-il, étonné de mon accoutrement.

– Y'a pas moyen de rien changer ici, dis-je en maugréant.

Il ne posa plus question.

La partie se termina 3 à 3. Dans le feu de l'action, j'oubliai les transformations majeures que je désirais apporter à l'équipement. Et il n'y eut aucune récidive.

Cette année-là, Amos ne participa pas au tournoi Pee-Wee de Québec. Il n'y avait pas assez de bons joueurs. Bien sûr, on ne nous annonça pas la nouvelle de cette façon. Le frère Laporte dit simplement qu'il n'y avait pas suffisamment de joueurs pour former une équipe complète, sans formuler davantage de commentaires. J'encaissai le coup sans broncher, sachant que de toute façon je n'aurais pas été sélectionné. Mon potentiel, j'en avais une petite idée tout de même. Puis, au fond de moi-même, je savais bien que le Colisée de Québec, le Carnaval, le Bonhomme, les duchesses, les feux d'artifice et le défilé de nuit, je les verrais bien un jour.

Chapitre 7
Les rangs professionnels
Quand on m'a donné une chance de jouer avec le grand club, je ne l'ai pas laissé passer.

J'hésitais à poursuivre ma carrière dans la catégorie Bantam. Le manque de talent me désespérait, l'absence totale de style me gênait. Sur patins, je ressemblais à une quelconque forme tordue, chambranlante, que tout le monde cherchait à fuir de crainte de se faire blesser. J'aimais le hockey, certes, mais digérais mal mes performances médiocres. L'appel des grands joueurs, de Maurice Richard, du Gros Bill (Jean Béliveau) et de Boum-Boum Geoffrion s'atténuait au fil de mes déboires.

Un événement, un seul, d'une importance capitale, allait m'inciter à chausser les patins à nouveau. La direction de l'école, ou une autorité quelconque, décida que dorénavant notre sport national allait se pratiquer à l'aréna municipal. Exit le hockey en milieu scolaire. Tout un changement ! Je n'avais pas le choix, je devais poursuivre ma carrière malgré mes inaptitudes.

Les parties de niveau Sénior se disputaient à l'aréna. Ce circuit, formé des principales villes abitibiennes, dont les Castors d'Amos, les Éclairs de Rouyn, le Cyclone de La

Sarre, les Golden Star de Val-d'Or, le National de Malartic et les Cooper King de Noranda, remplacés quelques années plus tard par les Mineurs de Normétal.

Les villes nourrissaient de féroces rivalités entre elles, particulièrement pendant les séries éliminatoires. Les parties devenaient de véritables confrontations entrecoupées de nombreuses batailles, tant sur la patinoire que dans les gradins, se poursuivant parfois dans les hôtels, tard dans la nuit. Au matin, l'ampleur des dégâts indiquait l'ardeur des partisans de la veille. Plusieurs retournaient au travail les yeux au beurre noir, quelques points de suture en plus.

Populaire le hockey Sénior ? Dans les années soixante, monsieur Dufresne, qui commençait à installer la câblodistribution dans la région, diffusait en direct à la télévision les parties des Castors disputées à l'aréna. Plutôt innovateur pour l'époque !

La section vouée à la restauration constituait la seule partie chauffée de l'aréna. Par grands froids, emmitouflés jusqu'aux oreilles, nous assistions aux rencontres debout dans les gradins, sautillant sur un pied puis sur l'autre. Pour nous réchauffer et nous dégourdir les jambes, nous faisions le tour de l'aréna en empruntant le palier en haut des gradins. Belle occasion de croiser des filles, d'échanger des regards doux. Sous les gradins, un lieu secret, mystérieux : la chambre des joueurs.

Entre les périodes, tous se précipitaient au restaurant. Serrés comme des sardines, nous nous réchauffions en nous frottant les mains. Et ça fumait comme des cheminées. L'endroit s'emplissait rapidement d'une fumée dense, à trancher au couteau. On se serait cru dans un monde mystérieux où les discussions se mêlaient aux éclats de rire. Café fumant à la main, que plusieurs arrosaient de whisky ou de cognac, chacun y allait de ses commentaires et prédictions.

J'allais donc évoluer dans ce lieu de haute compétition, muni d'un tableau indicateur affichant le pointage et le temps à jouer. Tout un changement comparé à la patinoire de l'école, une occasion inespérée !

Le matin de la première rencontre, je me rendis tôt à l'aréna, afin de regarder les parties précédant la nôtre. J'avais hâte de me retrouver dans la chambre des joueurs, cet endroit caché que tout jeune homme au tempérament sportif désire visiter au moins une fois dans sa vie. Nous demeurions à une demi-heure de marche environ de l'aréna. Je trouvai mon sac d'équipement particulièrement lourd. Arrivé à destination, je me reposai dans les gradins.

Mes coéquipiers arrivèrent. Tout en regardant la partie en cours, nous discutâmes stratégie et alignement.

– Toi, vu que tu patines pas vite, me dit l'un d'eux, tu vas jouer à la défense.

– OK, puis ça m'fait rien de passer mon tour de temps en temps, répondis-je.

J'en surpris plus d'un, particulièrement ceux qui ne me connaissaient pas. Habituellement, tous les joueurs, même s'ils sont médiocres, insistent pour jouer le plus souvent possible. J'allais à l'encontre de tous les courants. Cela faisait l'affaire de mes coéquipiers qui ne me trouvaient pas trop encombrant, malgré mon manque de talent.

Nous entrâmes finalement dans la chambre des joueurs. L'exiguïté des lieux me surprit. J'avais imaginé une grande pièce. Mais non, au contraire. Petite, rectangulaire, étroite, elle donnait l'impression d'un corridor. « Parle-moi pas de vivre dans un passage », disait maman qui n'aimait pas ce genre de pièces faites sur le long. Elle m'a communiqué son aversion, je les déteste également. Pas très positive ma première impression de la chambre des joueurs !

Perdu dans mes pensées, je m'assis sur le banc qui longeait le mur. Comme toujours, rien ne se déroulait comme prévu. Je fermai les yeux. À mes côtés, Maurice Richard laçait ses patins en discutant avec Dickie Moore, Boum-Boum Geoffrion plaisantait en compagnie de Doug Harvey, Butch Bouchard préparait un bâton… Quelle atmosphère chaleureuse, joyeuse ! « Salut les gars, dit Toe Blake, l'entraîneur du Canadien qui vient tout juste de faire son entrée. Ce soir, on va disputer toute une partie ! »

J'ouvris les yeux et balayai la pièce du regard. Rien de beau. Que de la laideur tout autour. Les murs dégarnis, sales, marqués de coups de bâton et de traces de rondelles, avaient oublié quand on les avait peints pour la dernière fois. Jadis. Sont malpropres, les joueurs des Castors, salir les murs de cette façon !

Je respirai profondément. Ça sentait la transpiration, la guenille mouillée et l'odeur dégagée par le ruban gommé que l'on enroule autour des bâtons. Une chambre de joueurs, c'est laid, sale, et ça pue.

Bientôt, je me retrouvai seul, tous les joueurs ayant revêtu leur équipement avaient quitté la pièce. J'aimais mieux ça. Je pourrai ainsi effectuer les premiers pas de la nouvelle saison en toute quiétude, sans avoir peur de faire rire de moi. Pour un instant, je m'imaginai qu'à la suite d'un quelconque miracle, je pouvais désormais patiner convenablement. Je me levai, saisis mon bâton et, d'un pas confiant, empruntai l'épais tapis de caoutchouc qui conduisait à la patinoire.

Dès que je posai le patin sur la glace, je constatai que l'été n'avait pas été propice aux miracles. Patiner s'avérait toujours une tâche des plus ardues. Péniblement, j'atteignis le centre de la patinoire. Impressionnant le point de vue ! Bien que les gradins soient vides, j'entendais les cris des spectateurs. Je m'imaginais marquant un point. Un tonnerre d'applaudissements s'ensuivit aussitôt. Ce soir, une foule partisane et complètement déchaînée assiste au match !

– C'est beau, vas-y. On va les avoir. Lâche pas, me criait-on.

– Bien sûr que je ne lâche pas. Je ne suis pas un lâcheux, moi !

Je fus tiré de mon songe par un coéquipier qui n'avait pas remarqué tous ces gens dans les gradins. « Tu ferais mieux de pratiquer au lieu de rester planté là, dit-il. La partie va commencer bientôt. »

Pour faire plaisir à mon camarade, je décidai de faire le tour de la patinoire. Je m'appuyai fermement sur mon bâton et, tête penchée vers l'avant, telle une charrue fonçant sur une route de campagne enneigée, je me propulsai droit devant. J'entrepris de longer la bande.

« Attention ! Tassez-vous ! hurlai-je. Non, non, pas de rondelle, s'il vous plaît. Je ne veux pas pratiquer mes passes. Encore moins mes lancers. Je ne fais que passer. Oubliez-moi ! Laissez-moi tranquille ! »

Mon tour de piste terminé, je regagnai le banc des joueurs, satisfait de ma performance. Aucune chute. Un constat s'imposait : je patinais mieux que l'an passé.

Interrompant mon autoévaluation positive, un coéquipier stoppa à ma hauteur. « Qu'est-ce que tu fais là ? demanda-t-il, la période d'échauffement n'est pas finie. » Décidément, impossible d'avoir la paix lorsqu'on pratique un jeu d'équipe. Je lui répondis que j'avais besoin d'un temps de réflexion pour savourer pleinement le moment présent afin d'en conserver un souvenir impérissable. Il n'insista pas.

Je terminai ma période de préparation en regardant les joueurs tournoyer sur la patinoire. Et ils ne se préoccupent même pas de leurs sacs d'équipement laissés sans surveillance dans la chambre des joueurs. Quel détachement ! Moi, je ne pouvais pas abandonner mon sac comme ça. Je me levai et allai vérifier si tout se déroulait bien du côté de la chambre des joueurs. Pas de souci. Il s'y trouvait, m'attendant patiemment. Cela me rassura.

Avant de retourner dans le feu de l'action, je voulus aller aux toilettes. Mais comment faire pipi lorsqu'on porte une armure ? On aurait dû prévoir une quelconque ouverture pour ne pas avoir à se dévêtir lorsqu'on exécute une opération si naturelle. Au temps de la cavalerie, la vie devait être compliquée pour les chevaliers.

On ne m'avait pas attendu pour mettre la rondelle en jeu. Je rejoignis mes coéquipiers sur le banc. Prochain défi à relever, j'allais devoir, dès qu'on m'en ferait signe, sauter sur la patinoire. J'ai toujours été impressionné par la manière dont les joueurs se jettent dans la mêlée alors que le jeu se poursuit. Tels des fauves, assoiffés par le désir de vaincre, ils plongent corps et âme dans le feu de l'action. Cette façon combative d'aborder le jeu me semblait importante, pour ne pas dire essentielle. Un joueur de hockey, c'est comme un canon chargé à bloc, prêt à détoner. Au signal, bang !

À l'école, facile de sauter sur la glace. La neige tapée à mi-hauteur de la bande facilitait la tâche. Toute une autre histoire à l'aréna ! Lorsqu'on me dit que je devais remplacer le prochain défenseur, je me tins prêt. Soudain, un coéquipier exténué s'amena. Ça y est ! On me fit signe. Bang ! Je rugis comme un lion et me précipitai sur la patinoire. Un détail cependant avait échappé à mon attention. La bande, il fallait l'enjamber. Comment m'y suis-je pris ? Je l'ignore, mais je me retrouvai couché à plat ventre sur celle-ci, un bras ballant de chaque côté, le bâton entre les jambes. Je retombai du côté du banc et, au passage, blessai deux coéquipiers avec mon bâton. Le lion rugissait toujours, mais de honte. Mes coéquipiers se demandaient ce que je faisais là. Difficile d'expliquer qu'on n'est pas tombé du bon côté de la bande ! Tant d'ardeur, mais incapable d'atteindre la mêlée !

Mon premier apprentissage chez le Bantam porta sur la façon d'enjamber la bande. Comme il ne s'agissait pas d'une activité très glorieuse à pratiquer, j'attendis la fin de la partie afin d'être seul au banc des joueurs.

J'ai toujours adopté une approche systématique pour résoudre les problèmes. En décomposant l'action, j'en conclus que mes difficultés ne provenaient pas du saut comme tel, mais plutôt de tout ce que je devais faire en même temps que je sautais. Avant tout, il faut savoir que les gants de hockey flottent légèrement dans les mains. Afin de les retenir, le joueur doit plier légèrement les doigts. Dans mon cas, je ne sais pas si les gants s'avéraient trop grands ou mes mains trop petites, mais j'avais beaucoup de difficulté à les retenir. Je devais presque fermer les poings pour y arriver, ce qui compliquait la manipulation du bâton et gênait mes mouvements.

Autre difficulté, le transport du bâton. Cette opération, plutôt simple, se complexifie lorsqu'il faut l'effectuer tout en franchissant une bande. Le bâton passe-t-il avant ou après le joueur ? Pas facile de trancher la question. Le joueur doit se concentrer sur ce qu'il fait, sinon il se retrouve le bâton entre les jambes, comme j'en avais fait la démonstration. Cette concentration sur les gestes à poser me faisait défaut. Possédé par le jeu, lorsqu'on me donnait le signal, je devenais tellement énervé que je ne savais plus ce que je faisais. J'oubliais que j'avais un bâton entre les mains. Je sautais sur la glace comme on se jette à l'eau par une journée chaude d'été.

En dernier lieu, le geste lui-même représente une difficulté majeure. Pour enjamber la bande, il faut d'abord s'appuyer contre celle-ci, transférer le poids du corps sur le bras qui prend appui et finalement, passer les jambes de l'autre côté. Dans ma hâte excessive, j'oubliai complètement de prendre appui. Je réagissais plutôt comme quelqu'un qui reçoit une décharge électrique, je sursautais.

À force de m'exercer, je parvins à trouver une solution qui, sans être esthétique, s'avérait tout de même efficace. Efficace selon mes critères, j'entends. Je résolus les deux premières difficultés, retenir les gants et transporter le bâton, en me débarrassant dès le début de ces objets gênants. Lorsqu'on faisait appel à mes services, sans même me lever, je jetais gants et bâton sur la patinoire. Ainsi, je pouvais me concentrer uniquement sur les gestes à poser.

Je m'allongeais sur la bande et laissais glisser lentement mes jambes vers la glace. Il ne me restait qu'à me relever et récupérer gants et bâton. Bien sûr, ce n'était pas rapide et mes manœuvres exigeaient un brin d'espace au banc, principalement lorsque je m'allongeais sur la bande. Mes coéquipiers se surveillaient, craignant de recevoir un coup de patin. Mais ils s'habituèrent et à ma façon de faire et bientôt, je passai inaperçu.

Au niveau Bantam, les bons patineurs s'avèrent plus rapides que chez le Pee-Wee. Plus vieux, jambes plus fortes, le coup de patin s'en ressent. Dès la première rencontre, je remarquai la différence.

L'une des notions de base du hockey consiste à batailler ferme dans les coins de patinoire. Là se gagnent ou se perdent les parties. Les gars qui effectuent ce travail difficile s'appellent les plombiers. Étant donné ma mobilité restreinte, je me retrouvais souvent à effectuer cette tâche dont personne ne voulait. L'œil hagard, bousculant tout sur mon passage, je me dirigeais vers l'extrémité de la patinoire en hurlant. On aurait pu croire qu'il s'agissait d'un cri de guerrier. Pas du tout. Plutôt un signal d'alarme pour annoncer mon approche, comme un camion qui émet un signal sonore lorsqu'il passe en marche arrière. Le but étant d'informer l'adversaire du risque de se trouver dans mon entourage, car je ne contrôlais pas nécessairement ma pantomime de bouffon. En fait, je tentais simplement de rester debout le plus longtemps possible, avec l'espoir de frapper la rondelle avant de tomber. Toute une stratégie !

Occasionnellement, pour brouiller les pistes, je me portais à l'attaque. Mes coéquipiers n'appréciaient jamais ces moments. J'eus beau leur expliquer à de multiples reprises qu'il fallait parfois prendre des risques et délaisser la défensive, ils ne voulaient rien comprendre. Malgré tout, je faisais à ma tête.

Lors de l'une de ces parties au pointage serré, je décidai de me porter à l'offensive. Bien sûr, je ne transportais pas la rondelle moi-même, je suivais plutôt le porteur du disque. Lorsque j'arrivai en zone adverse, l'adversaire avait repris le contrôle du disque et contre-attaquait. Mes coéquipiers criaient après moi, je n'aurais pas dû délaisser ma position de défenseur. Je retraitai au banc des joueurs, me disant que j'en avais assez fait pour le moment.

Cependant, contre toute attente, voilà que la rondelle revint vers moi. Que faire ? Je ne pouvais laisser filer pareille occasion. Je n'avais qu'à cueillir la rondelle le long de la bande et à me diriger vers le but adverse. Une occasion inespérée. Debout, mes coéquipiers criaient à tue-tête pour m'encourager. Je me précipitai vers la rondelle. En la saisissant, l'inattendu se produisit. Mon bâton se coinça dans une fissure de la bande. Incapable de le retirer. Quelle malchance ! Personne n'avait jamais vu ça.

Mon premier but de la saison restera dans les annales des faits sans importance qui ne passent pas à l'histoire. Point important, marqué de façon spectaculaire, il nous permit de vaincre l'adversaire 2 à 1. Ce fait d'armes, je le dois à Michel Wheelhouse, capitaine de l'équipe. Talentueux, rapide, il participait au pointage à toutes les parties.

Le tout débuta en zone neutre. Il ne restait que quelques minutes à jouer. Voulant forcer le jeu pour briser l'égalité, je quittai mon poste de défenseur afin de contrer le porteur du disque qui s'amenait. Ennuyé par ma présence, le joueur choisit de passer la rondelle à un coéquipier. Wheelhouse, qui avait prévu la manœuvre, intercepta la passe et s'échappa à toute vitesse. Tellement rapide que le vide d'air qu'il créa derrière lui m'entraîna sur son passage. Le gros Lavoie gardait les buts de l'équipe adverse. Lorsque Wheelhouse tenta de le déjouer, il perdit le contrôle de la rondelle qui alla choir derrière le but. Wheelhouse alla la récupérer. Le défenseur adverse se dirigea vers lui pour le contrer. Je finis par rejoindre le jeu et me postai devant le but, complètement seul. Wheelhouse reprit la rondelle, s'esquiva auprès du défenseur et me décocha une passe vive. Le gardien eut un beau geste. Il effectua une glissade latérale en ma direction. La rondelle frappa mon bâton avec tellement de vigueur qu'il me glissa entre les mains. Lentement, le disque pénétra dans le filet exactement à l'endroit où le gardien se trouvait avant d'effectuer sa manœuvre. Lavoie me regardait l'air dépité. Je m'excusai de la mauvaise qualité de mon tir qui, en fait, n'en était pas un, mais plutôt d'une déviation accidentelle des plus inusitées. Mes coéquipiers riaient et me félicitaient. Moi, le héros du jour !

Chapitre 8

La retraite

Vient le temps où tu dois admettre que tes capacités ont diminué. Tu as perdu ta touche magique, cette fraction de seconde qui faisait de toi un champion.

La saison défilait rondement. Chaque partie disputée me rapprochait du jour, que je sentais venir à grands pas, où j'allais accrocher mes patins. Coûte que coûte, je devais me faire à l'idée que jouer au hockey ne me convenait pas, que j'endurais inutilement des souffrances à vouloir pratiquer ce sport. Dès que je chaussai les patins apparaissaient des douleurs aux pieds et aux chevilles. Tout à fait inconfortable. Et cela ne semblait pas vouloir se stabiliser. Au contraire, le supplice augmentait continuellement, m'obligeant à ne porter mes patins, ces objets de torture, que pour de courtes périodes. Cinq minutes tout au plus. Au-delà, cela devenait insupportable. Des crampes me tenaillaient les chevilles. Je pouvais à peine me tenir debout. Mes rares présences sur la glace se voulaient très brèves.

J'exposai mon problème à plusieurs. On me dit que j'attachais mes patins trop serrés. Alors je dénouai légèrement les lacets. N'obtenant aucun résultat, je les défis davantage. Trop, sans doute, car les lacets traînaient sur la glace et me firent trébucher à quelques reprises. Même qu'au cours d'une partie chaudement disputée, je perdis un patin, ce qui est plutôt rare au hockey. Les joueurs perdent souvent leurs gants, leurs casques, certains perdent la tête parfois, mais jamais, au grand jamais, on n'a vu un joueur perdre un patin. Je le récupérai sous le regard médusé de mes coéquipiers qui ne formulèrent aucun commentaire. Cependant, lorsque je fis trébucher un joueur, on me pria d'attacher mes patins convenablement. Il ne semblait pas y avoir de solution à mon problème. Au banc des joueurs, je retirais mes patins et me massais les pieds pour chasser la douleur.

– C'est à toi, remplace le défenseur, me dit l'instructeur.

– J'peux pas, envoie quelqu'un d'autre, répondis-je.

– Comment ça, tu peux pas ?

– J'ai pas mes patins.

– T'as pas d'affaire à enlever tes patins pendant la partie.

– J'ai mal aux pieds.

Malgré mes multiples handicaps, je continuai à encourager mes coéquipiers dont la qualité de jeu s'améliorait au fil des parties. N'ayant pas progressé d'un cran, je devenais de plus en plus un joueur marginal et insistais pour ne pas jouer lors des parties chaudement disputées. J'ai toujours aimé gagner !

Malgré cette soif de victoires, j'éprouvais de plus en plus de réserves concernant le hockey. Mon attitude commençait à changer radicalement à l'égard de ce sport dont certains aspects dangereux ne m'avaient jamais traversé l'esprit. Que dire de ces joueurs excités qui patinaient à vive allure, sans faire attention aux épaves comme moi qui traînaient dans le décor? Dans les périodes d'échauffement, ils lançaient n'importe où. J'avais peur de recevoir une rondelle. Ma crainte : ne pas voir venir le danger, être incapable de me protéger.

Les bâtons, une autre de mes phobies. Je comprenais que l'on puisse, comme moi, s'en servir en guise d'appui, mais s'élancer avec un bâton, quelle idée? Un joueur qui effectue un lancer regarde fixement la rondelle en concentrant toute son attention sur celle-ci. Il ne voit pas l'abruti de mon genre qui s'approche pour poser une question idiote ou pour formuler un commentaire insignifiant. L'intrus reçoit toujours un coup de bâton. En plus, il se fait dire que c'est de sa faute s'il s'est fait frapper. Le simple fait de me retrouver sur une patinoire en compagnie de joueurs de hockey m'a toujours énervé, m'avouai-je. L'impression de ne pas se trouver à ma place, voilà ce que je ressentais. Et le malaise grandissait à chacune de mes présences sur la glace.

Un jour, au cours d'une partie, survint un événement troublant. L'action se déroulait dans le coin de la patinoire, nous nous disputions la possession du disque. L'arbitre finit par interrompre le jeu. Un joueur adverse, que je ne connaissais pas, me proposa alors d'engager le combat. Quelle surprise ! Je jouais avec conviction, certes, mais loin de moi l'idée de basculer délibérément dans la violence. L'individu, pas grand, semblait en colère. Un impulsif, me pensai-je.

– On n'a pas l'droit de s'battre, dis-je pour le raisonner.

– Maudit pissou ! T'as peur, hein ? répliqua-t-il.

Effectivement, je n'ai jamais été très brave dans ce genre de situation. Cependant, je devais faire quelque chose, Maurice Richard ne se laissait jamais insulter et réglait ses comptes lui-même. Une évaluation rapide des forces en présence me révélait que j'avais de bonnes chances de ne pas me faire massacrer. J'entrepris donc d'établir certaines conditions. « Si tu veux te battre, viens icitte. On s'couraillera pas partout sur la patinoire. Pis on n'a pas le droit d'utiliser les bâtons… » Je n'avais pas terminé mon énumération de règles à respecter que l'arbitre intervînt. Le calme rétabli, nous regagnâmes nos bancs respectifs. Ça s'en vient un peu trop sérieux ces histoires, me dis-je. Je commençais vraiment à douter de mon avenir au hockey.

De façon générale, le comportement des joueurs devenait plus agressif. Auparavant, nous n'insultions jamais l'arbitre. Bien sûr, nous discutions certaines décisions, cela n'allait jamais plus loin. Personne ne contestait son autorité. Mais voilà que le désir de vaincre faisait perdre toutes les retenues. Parfois, les injures pleuvaient. Et le frère Laporte n'était plus là pour calmer le jeu, rétablir l'ordre.

Un beau samedi matin, en revenant de l'aréna, je fis le bilan de la situation. Plus la saison avançait, moins je jouais et, pire, moins j'en avais envie. Transporter le sac d'équipement, si lourd, devenait synonyme de traîner un fardeau. Un autre facteur aggravait le tout.

Depuis que les parties se disputaient à l'aréna, des filles de notre âge assistaient aux rencontres. À l'école, il y avait seulement des gars, mais là… Entre confrères masculins, on se permet des écarts de comportement, l'esthétique retrouve ses formes primitives et le raffinement brille par son absence. Devant les filles, l'histoire se veut tout autre. J'éprouvais de la difficulté à afficher mes inaptitudes et mon manque de style à la gent féminine. Le hockey occupait une place importante dans ma vie, certes, mais de là à ternir mon image auprès de ces dames, jamais ! Pas question de porter atteinte à ma vie amoureuse, même inexistante. Le jeu n'en valait pas la chandelle. Les filles m'obsédaient davantage que le hockey.

Il faut savoir se retirer le moment venu. Même Maurice Richard a pris sa retraite. C'était le 15 septembre 1960, date qui m'avait profondément marqué. J'avais toujours vu Maurice Richard jouer au hockey. Dans ma tête d'enfant, je n'avais jamais prévu qu'il prendrait sa retraite un jour. Le hockey sans Maurice Richard, pour moi, ça n'existait pas. Lorsqu'il avait fait connaître sa décision, je croyais que le Canadien de Montréal allait cesser d'exister. Je fus très surpris de constater que l'équipe continuait sans lui.

Après y avoir longuement réfléchi, soit le temps de parcourir la distance entre l'aréna et le Café Radio, une vingtaine de minutes, je décidai de mettre un terme à ma carrière. En passant devant l'Hôtel Amos, je fis une déclaration publique pour annoncer ma décision. « J'accroche mes patins, lançai-je, et je ne répondrai à aucune de vos questions. » La nouvelle se répandit comme une traînée de poudre sur la Première Avenue déserte.

Au chapitre des statistiques, niveau Bantam, ma fiche cumulative indiquait un but, aucune assistance. Pas trop difficile à retenir. Un but, un seul. Mais tout un !

De retour à la maison, je me sentis soulagé. La décision de mettre un terme à ma carrière n'avait pas été facile à prendre, mais j'étais heureux que toute cette aventure soit enfin terminée. Je choisis de ne pas en parler tout de suite à ma famille, pour leur éviter le choc. Je me suis toujours senti mal à l'aise devant les débordements d'émotions. Certains s'attendaient peut-être à ce que je devienne un grand joueur de hockey. Qui sait? Je ne voulais pas décevoir personne. D'ailleurs, je ne leur ai toujours pas annoncé la nouvelle. Il faudra bien que je trouve la force et le courage d'affronter cette pénible réalité un jour ou l'autre.

En fin de matinée d'un certain samedi du début avril, je rangeai mon sac d'équipement dans la remise de la salle de bains. Personne ne le reprit depuis.

Chapitre 9

La ligue des *Old Timer*

**Qu'il est agréable de revoir d'anciens joueurs et
d'évoquer des souvenirs du bon vieux temps !**

Emportées dans le tourbillon du quotidien, les années passent. Irrémédiablement. Mon Abitibi natale, je l'ai quittée et, après quelques arrêts ici et là, me suis établi à Montréal. Peu à peu, la grande ville m'a apprivoisé.

Malgré sa commercialisation à outrance, le hockey demeure l'un de mes sports préférés. Toujours partisan du Canadien.

Sans savoir comment, j'ai finalement appris à patiner. Qui l'eût cru ? L'apprentissage s'est fait d'un seul coup. Pouf ! Comme un magicien qui tire un lapin de son chapeau. Aussi, par beaux après-midi d'hiver, il m'arrive de chausser les patins. Quel plaisir de s'élancer sur les grandes étendues glacées du parc Lafontaine !

Les timides enjambées des premiers moments deviennent plus sûres et bientôt, les jambes poussent à fond. La lame du patin dessine une empreinte dans la glace. La respiration s'accélère, le cœur pompe à fond. Boum ! Boum ! Le froid pince les joues qui rougissent. Boum ! Boum ! L'ivresse du hockey me reprend. Me voici effectuant une montée spectaculaire… contourne deux adversaires, un couple de patineurs… esquive le défenseur, une fillette en rouge… et déjoue habillement le gardien de but, un garçon à la tuque bleue. Comme tout au long de ma carrière, les gens ne remarquent pas mes belles pièces de jeu. Toujours aussi discret.

Pendant les séries éliminatoires de la coupe Stanley, je rejoins un groupe d'amis, tous des champions, à notre brasserie préférée où l'on sert, à ce qu'on dit, plus de deux cents sortes de bières de pays différents. Incroyable le phénomène de la mondialisation ! Pour s'y retrouver, une carte des bières renseigne sur les produits. Sinon, on s'en remet au garçon qui ne demande qu'à partager son bagage de connaissances sur la boisson houblonnée. Plutôt étourdissant !

Généralement, nous nous retrouvons cinq joyeux lurons à savourer des bières de toutes provenances, notre façon de voyager autour du monde.

Premier sur place, Bill choisit une table à proximité d'un écran et attend les autres avec impatience. Son accueil, toujours le même : « J'me demandais ben si t'allais venir. » Originaire de Québec, ex-partisan des Nordiques, Bill a occupé un poste de courtier en transport dans l'Ouest canadien, avant de revenir en terre natale fonder une compagnie vouée à la vente et à la distribution d'eau embouteillée. Ses clients, particuliers, commerces et entreprises, s'attachent rapidement à ce petit gros sympathique et volubile. « Y'a toutes sortes d'eau sur le marché, dit-il, pis les gens ne connaissent pas ça. » S'ensuit une explication détaillée sur l'eau plate, l'eau gazeuse, l'acidité, les sels minéraux et le fluorure, lui qui a toujours été un gros zéro en chimie et qui n'a jamais bu deux verres d'eau de sa vie.

– Mais l'eau que tu vends, Bill, est-ce qu'elle est bonne ? lui demande-t-on pour le taquiner.

– C'est la meilleure ! répond-il en s'envoyant une grande rasade de bière derrière la cravate.

Originaire du quartier Villeray qu'il n'a jamais quitté, Gilles, Montréalais pure laine, n'aime pas voyager. On le surnomme Anchor. Lorsqu'on lui parle des pays de l'Est, il pense que l'on fait référence à Pointe-aux-Trembles. Amateur de cinéma, mélomane et mordu d'informatique, il demeure au centre-ville, non loin d'où il travaille et se divertit. Les seules fois où sa peau laiteuse voit le jour, c'est lorsqu'il attend l'autobus. Tous les films et spectacles présentés à Montréal au cours des dix dernières années, il les a vus et ne demande pas mieux que de les commenter à son entourage. Esprit critique, certes, mais lunatique et rêveur. Gilles considère le hockey comme un spectacle et pense qu'un jour, par le truchement de médias interactifs, les spectateurs interviendront dans le déroulement d'une partie. À quel titre ? Ça reste à voir.

– Ça va fonctionner ton système ? demande Bill, songeant sans doute à un éventuel investissement. Les gens vont aimer ça ?

– Ben sûr ! Tous les gens croient connaître le hockey et ne se font pas prier pour donner leur opinion sur le sujet. Succès garanti.

– Hé ! Que tu fais simple avec tes histoires qui ne tiennent pas debout ! réplique Pierre qui trouve ce scénario plutôt irréaliste.

Le seul du groupe qui a failli connaître une carrière dans le hockey professionnel, Pierre, vient du lac Saint-

Jean, région située à plus de quatre cents kilomètres au nord-est de Montréal. Cependant, après sa dernière saison Junior A, étape précédant la ligue Nationale, aucune équipe professionnelle n'a retenu ses services. Grande déception. Il a poursuivi ses études en droit. Costaud, cheveux frisés, doux comme un agneau, il ne se prive pas d'intervenir dans les débats, tranchant net les questions, particulièrement celles sur le hockey. Ses grandes mains qui gesticulent continuellement lorsqu'il parle témoignent de son attachement à ce sport.

Le doyen du groupe, Richard, a fui les États-Unis au début des années 60, évitant ainsi de faire la guerre du Vietnam. Originaire de New York, on le surnomme Andy, en référence au célèbre porte-couleur des Rangers de New York, Andy Bathgate. Après avoir effectué trente-six jobines, il a obtenu sa citoyenneté canadienne, ce qui prit un certain temps, Richard a complété des études en soins infirmiers et depuis ce temps, travaille dans le domaine de la santé. Blagueur, bon vivant, il aime discuter et jouer aux cartes. Sa philosophie : profitons de la vie au maximum, de toute façon on ne s'en sortira pas vivant.

L'enseignant en histoire de l'humanité que je suis devenu, après de multiples bifurcations dans différents domaines, complète le groupe. Comme pour apprendre à patiner, il m'a fallu un certain temps avant d'opter pour une profession, une démarche à tâtons passablement longue. Ce parcours sinueux m'a cependant permis de croiser quantité de gens différents et de développer de solides amitiés. Écouter les histoires de mes amis verbeux compulsifs constitue l'un de mes grands plaisirs. Au programme, anecdotes et récits loufoques en tous genres, où personne ne se prend au sérieux.

Tout en dégustant différentes sortes de bières, nous regardons attentivement la partie de hockey. Fidèle à son habitude, Bill dénigre le jeu des joueurs du Canadien. La réplique ne se fait pas attendre, ses commentaires se font démonter systématiquement. « Les gars, répond-il, vous ne voyez pas clair. Vous êtes vendus au Canadien. »

Pierre, lui, expose des stratégies complexes, tandis que Richard, grâce à sa mémoire prodigieuse, s'amuse à évoquer des statistiques de tout ce qui s'est produit dans la ligue Nationale au cours des cinquante dernières années. Lorsque survient un jeu important ou controversé, Gilles, qui ne tient pas en place, se lève et fait la reprise de la séquence en se livrant à une pantomime bouffonne. Au ralenti, bien sûr. Quant à moi, confortablement installé dans mon fauteuil, je salue les plaisanteries de mes amis par de grands éclats de rire. Le hockey, un sport magnifique.

Ce soir-là, le match, âprement disputé, avec de multiples rebondissements, se conclut en période de prolongation à la faveur du Canadien. Les *Old Timer* firent un long voyage, effectuant le tour du monde à plusieurs reprises.

Lorsque Bill s'assit enfin sur la banquette arrière du taxi qui le ramenait à son domicile de Brossard, il murmura : « Ma blonde va ben me dire d'aller coucher sur le divan du salon à soir. »

Pour ma part, bien que la maison était à une distance respectable, j'optai pour la marche. L'air frais me fut bénéfique. La surface de la mer ondulait légèrement, mais pas de quoi s'inquiéter outre mesure. La grande bleue ne pourra jamais se déchaîner autant qu'elle le fit le jour où mes grandes sœurs me déposèrent sur la glace de l'étang gelé en bordure de la rivière Harricana à Amos. Jamais.

Épilogue
Le Temple de la renommée
On immortalise les héros afin que les exploits qu'ils ont accomplis avec tant de détermination, d'effort et de courage franchissent la barrière du temps.

Dans le coffret où j'emmagasine mes souvenirs, j'ai mis à l'abri du temps certains moments précieux. La maison à Amos, le salon baignant dans la lumière ambre, le vieux poste de radio, papa qui me sourit, maman qui tente désespérément de me faire chausser des patins, mon arrêt aux dépens de Michel Ducharme, la patinoire de l'école Saint-Viateur, le frère Laporte, mes oreilles gelées, le point important que j'avais marqué, notre conquête de la coupe Stanley, le restaurant Pelletier, la partie disputée dans la paroisse du Christ-Roi, le carnaval d'hiver à l'école, l'aréna... Tant d'images me viennent à l'esprit !

Maurice Richard demeure l'un de mes héros. Étonnamment, après tant d'années, on parle fréquemment de lui à la télévision et dans les journaux. Les plus vieux évoquent son nom avec nostalgie, tandis que les plus jeunes, qui n'ont malheureusement pas eu la chance de le voir jouer, veulent connaître ce personnage illustre. Aussi, lorsque ces jeunes, qui entendent toutes sortes d'histoires à propos des demi-dieux et des exploits surhumains qu'ils ont accomplis, me demandent si je le connais, c'est avec fierté que je leur réponds : « Bien sûr que je le connais. Maurice Richard et moi, on a fait carrière à la même époque ! »

À propos de l'auteur

De formation multidisciplinaire, Michel Larocque a fondé une compagnie de production vidéo au sein de laquelle il a œuvré pendant plusieurs années à titre de scénariste, réalisateur et producteur. Puis, il met sur pied une entreprise spécialisée en rédaction. Depuis une vingtaine d'années, il écrit sur différents sujets des chroniques pour les journaux, les revues, et il publie des nouvelles et des romans.

Du même auteur

Romans

- Ne crains rien je suis là, Amazon
- Humour extrême, Amazon
- De Floride proviennent les oranges, Éditions de la Francophonie

Short Stories

- Cats, Dogs, and Humans, iUniverse